perger, ¿Qué significa para mí?

Un manual dedicado a ayudar a niños y jóvenes con Asperger o Autismo de Alto Funcionamiento.

Ideas estructuradas para el hogar y la escuela

Por Catherine Faherty

**Con un prólogo del Dr. Gary Mesibov
Director de la Division TEACCH, Universidad de Carolina del Norte, USA**

All marketing and publishing rights
guaranteed to and reserved by

Future Horizons, Inc.
721 W. Abram Street
Arlington, TX 76013

800-489-0727; 817-277-0727
817-277-2270 Fax

Website: www.FHautism.com
E-mail: info@FHautism.com

ISBN #1-932565-13-2

Dedicado a quienes me inspiraron para hacer este libro:

Al Grupo de Apoyo a los Padres de niños con autismo de alto funcionamiento del Centro TEACCH de Asheville
y
Al grupo Social de Adultos con autismo de alto funcionamiento y Síndrome de Asperger del Centro TEACCH de Asheville.

Y a:
John Faherty
Nicholas Faherty
Ismene Collins y Nicholas Collins

*"Debemos conocer las diferencias,
debemos comprenderlas,
hasta que ya no sean más diferencias"*

— Adela A. Allen

Indice

Capítulo 3: La Experiencia Sensorial 51

Capítulo 4: Talento Artístico 69

Capítulo 5: Las personas 81

Capítulo 6: Comprender a los demás 101

Capítulo 7:   Pensamientos 121

Capítulo 8 : Comunicación 131

Para Padres y Maestros *157*

Capítulo 9: La Escuela............................165

Libro de trabajo *165*

Para Padres y Maestros *189*

Capítulo 10 : Los amigos 215

Capítulo 11: Sentirse Mal...........243

Capítulo 12: El Ultimo Capítulo 271

Prólogo

Presentarles a ustedes este maravilloso libro de Catherine Faherty constituye para mí todo un desafío. Catherine es una profesional de marca mayor a la que admiro y conozco desde hace muchos años. Pensadora, creativa, inteligente, y en extremo comprometida, de manera tal que las personas con autismo y sus familias se han beneficiado de sus aportes siempre innovativos, desde el primer momento que comenzó a trabajar como profesional en el campo del autismo.

Dada la riqueza y lo prolífico de sus métodos de intervención, me sentí muy contento cuando me comentó por primera vez su intención de ausentarse por un tiempo del centro TEACCH para escribir este libro. Catherine parecía ser la persona ideal para esta tarea, si se le daba la posibilidad de dedicarse a ella y plasmar por escrito sus fluídas ideas. Este libro ha logrado sobrepasar todas las expectativas que de él tenía y será una invaluable ayuda para todas las bibliotecas de aquellos que tienen autismo, para sus familias y los profesionales abocados a servirlos.

El libro ha capturado la magia que tiene Catherine, magia que la ha transformado en un miembro tan invaluable de nuestro equipo de TEACCH. Tiene una increíble capacidad para comprender las perspectivas y puntos de vista de aquellos que tienen autismo, y un gran talento para explicar en términos sencillos aquellos conceptos más difíciles. El libro trata sobre los problemas diarios que surgen, y de algunas situaciones más íntimas y conflictivas. Como Catherine, el libro hace frente a los desafíos con efectividad y realismo. Seguramente este detalle será muy apreciado por padres de y personas con autismo. La calidez y el genuino afecto que ella siente por quienes lo tienen hará sonreír a sus lectores. Su sentido común y su pragmatismo hacen que este libro sea fácil de leer y sus ideas, fáciles de aplicar.

Por supuesto, la mejor parte del libro es aquella que involucra a los que tienen autismo. Como maestra especializada y terapista de TEACCH, Catherine siempre ha tenido un don especial para captar a sus pacientes, no importa que tan renuentes o alejados se mostrasen en el comienzo. Este don se aprecia en todas las hojas del libro en que las personas con autismo son cometidas a pensar, reaccionar y escribir sus impresiones personales. Catherine les ha acompañado en este proceso, y sin duda ellos han logrado extraer su propias e importantes conclusiones. Asimismo, aquellos de nosotros que también tenemos a nuestro lado alguien a quien acompañar, podremos aprender mucho con este libro.

He disfrutado leyendo y revisando todos los borradores de este libro, y me siento feliz de que esté listo. Sé que ustedes también lo disfrutarán y apreciarán, así como los cientos de familias que han conocido a Catherine y han compartido sus ideas. Esta es un oportunidad única para ayudar a la gente con autismo, de una manera un poco más original. Gracias a tí, Catherine, por otro gran aporte en una carrera que ya ha producido demasiados.

Gary B. Mesibov
Profesor and Director
División TEACCH
Universidad de Carolina del Norte en Chapel Hill,
Estados Unidos de América.

Para los adultos lectores: familias, maestros y amigos…

*"**Esta** es la información que todo chico con autismo necesita tener"*

-Thomas Johnson,
de 10 años de edad, con autismo de alto funcionamiento,
después de ver este libro.

Por qué surge este libro

Como terapista de uno de los Centros TEACCH en Carolina del Norte, después de diagnosticar a un niño con autismo de alto funcionamiento, la primera pregunta de los padres se refiere a dónde pueden encontrar más información sobre el autismo. En los últimos años esta tarea ha sido relativamente más fácil que antes.

Pero los padres también me preguntaban dónde sus hijos podían ellos leer algo que los ayudara mejor a comprender su diagnóstico. Este nuevo libro le servirá a tu hijo o a tu estudiante para aprender sobre el autismo, y te ayudará a tí para poder hablar con él sobre los profundos efectos que causa. El libro no pretende ser una descripción exacta de todos los niños que tienen el autismo como diagnóstico, ni cubre todos los temas, pero sí sirve como punto de partida para ampliar la búsqueda, descubrir, crecer y actuar en positivo.

Cada uno de nosotros, tengamos o no autismo, sentimos que en determinado momento necesitamos conocer algo más de nosotros mismos. A veces ese momento surge en la infancia, o en la adolescencia. Para algunos, no surge sino en la edad adulta. Es mi deseo que este libro pueda ayudar a tu hijo con autismo de alto funcionamiento o síndrome de Asperger, cuando él o ella emprenda esta etapa.

Utiliza este libro para mostrarle, a todos aquellos que significan algo en la vida de tu hijo, lo que es el autismo y como afecta el desarrollo personal, el comportamiento, el relacionamiento y la percepción del mundo. Comparte este libro con todos quienes aprecian a tu hijo, incluyendo a sus educadores más inmediatos.

Por último, mi más profundo deseo es que este libro ayude a tu hijo en su gran recorrida por la vida.

Catherine Faherty
Febrero, 2000.

Familiarizándose con la organización de este libro

Dedica unos momentos a mirar el índice. Verás que hay doce capítulos. En el Capítulo 1 se introduce el término autismo, y se muestran las diferentes maneras de escribir y trabajar en el libro. Los capítulos siguientes se concentran cada uno en un aspecto importante de la vida (por ej. Comunicación, Comprender a los demás, etc).

Cada capítulo está dividido en dos partes, el Libro de Trabajo y la sección Para Padres y Maestros. En el índice se encuentra el listado de todos los temas tratados.

Es muy importante que no te saltes el Capítulo 1, quizá convenga que lo leas antes de empezar a trabajar con tu hijo.

El libro de trabajo

Las páginas en el libro de trabajo son para que tú y tu hijo las lean juntos y completen, marquen o encierren en un círculo la información relevante. En las páginas 15 a 19 del Capítulo 1 se encuentran sugerencias al respecto. Las páginas del libro de trabajo se detectan fácilmente por su borde en negro.

El libro de trabajo intenta describir las circunstancias comunes de la vida, señalando los comportamientos típicos de los niños con autismo y de sus pares neurotípicos. En términos sencillos se sugiere cómo y por qué la experiencia del lector puede diferir de las experiencias de los demás. Con la ayuda de uno de los padres, la maestra o un amigo, el joven lector puede individualizar la información proporcionada, agregando detalles personales. De esta manera el libro de trabajo logra transformarse en una imagen más exacta del carácter único de tu hijo.

En algunas páginas del libro de trabajo el joven lector puede encontrar algunas ideas o estrategias que requieran del auxilio de un mayor. Estas páginas son también para los padres y maestros. En la mayoría de los casos, las sugerencias correspondientes se encuentran en la segunda sección del capítulo.

Para Padres y Maestros

La segunda parte de cada capítulo está dirigida en primera instancia a los padres y maestros (y cualquier otro adulto significativo). Esta parte complementa las páginas del libro de trabajo con conceptos, ideas, y sugerencias prácticas para el hogar y la escuela.

La mayoría de estas ideas son ejemplos de las estrategias de enseñanza estructurada que aplica TEACCH, y que esta autora junto al resto del staff de los Centros TEACCH han desarrollado y adaptado a las necesidades individuales de cada niño y familia, a lo largo de toda la existencia del Programa. Otras ideas están inspiradas en el trabajo de prominentes colegas del campo del autismo.

Entonces, ¿quién escribió el libro?

En las páginas del libro de trabajo se encuentra por doquier el primer pronombre personal "**Yo**". Mi intención no es pretender que el autor es un niño con autismo. Mientras redactaba los borradores del libro opté por escribir en segunda persona, incluso en tercera. Pero cuando niños y adultos con autismo los leyeron, se sintieron confundidos. Entonces, decid que lo mejor sería escribir usando la primera persona.

Mi intención es que esta modalidad proporcione claridad al lector con autismo, y no pretender que el libro está escrito por un niño con autismo.

Claves para tener en cuenta al probar las ideas de este libro

Lo primero que debes hacer es intentar ver el mundo a través de los ojos de tu hijo. Haz todo lo posible para dar un sentido a las cosas que lo rodean y a las actividades que tiene que hacer, buscando su punto de vista. Las estrategias más efectivas son aquellas que están individualizadas y adaptadas a tu hijo.

Dar un significado

Usa métodos y estrategias que sean visuales y fáciles de comprender. Proporciona un sentido de orden, familiaridad y claridad. Para lograr esto ten en cuenta las fortalezas y las preferencias de tu hijo. Haz que las cosas tengan sentido desde su punto de vista.

Cuando una situación tiene sentido, es mucho más fácil evitar comportamientos inadecuados o no deseados. Cuando el entorno y las actividades de tu hijo tienen sentido para él, el aprendizaje resulta más natural y menos complicado. Casi todas las personas, tengan o no autismo, se sienten mucho más cómodas y felices cuando le encuentran sentido a algo, nos sentimos en paz cuando nuestras vidas tienen un significado.

Individualizar

Al utilizar estrategias visualmente estructuradas se obtiene casi siempre y de forma casi inmediata un resultado positivo. Sin embargo, los resultados mejores se obtienen cuando las estrategias básicas se ajustan al individuo.

Obviamente, el autor no conoce a tu hijo. Aunque puedas encontrar en este libro alguna idea que funcione exactamenente como está descrita, es más probable que la tengas que adaptar a tu hijo y a su situación particular. Pruébala, observa como funciona, adáptala en consonancia, pruébala nuevamente, observa como funciona, adáptala otra vez, pruébala nuevamente y así sucesivamente. Las estrategias "correctas" y las adaptaciones "correctas" saltarán a la vista. Tu hijo te va a mostrar lo que funciona para él, a través de sus éxitos y sus fracasos.

Cada niño (y familia o clase) es único. El proceso de diagnóstico, estructuración, evaluación y adaptación, surgen de conjugar tu experiencia y la de tu hijo, tu intuición y el conocimiento que tengas del niño, junto a una observación objetiva.

No hay una receta igual que sirva para todos. La efectividad dependerá en gran medida de tu capacidad de adaptarlas a tu hijo.

Agradecimientos

Estoy muy agradecida por el inmenso apoyo que he recibido.

En primer lugar quiero agradecer a mis colegas y amigos y al equipo del Centro TEACCH de Asheville por todo su apoyo a lo largo del proceso de redacción de este libro. Ellos se encargaron gustosamente de cumplir con mis responsabiliddaes mientras yo me alejaba para escribir. Gracias a Anne McGuire, mi compañera de tareas, que nunca dejó traslucir el enorme peso que les traspasaba; a Sloane Burgess, que me escuchaba atentamente y me daba sus opiniones siempre que se las pedía, interrumpiendo incluso su trabajo; a Galene Fraley que fue mi primer mentor cuando comenzé a aprender sobre el autismo y de quien siempre tengo algo que aprender cuando nos encontramos; a Ron Larsen que me ayuda a ver las cosas desde otra perspectiva justo cuando más lo necesito, a Sara Handlan que me ayudó en los momentos de crisis con la computadora; y a Katie Craver que mostró el libro de trabajo en la Primaria Dickson. Gracias a todos mis compañeros de oficina: Pat Greene que admitió que realmente me había extrañado cuando me ausenté. A Suzie Heaton que se hizo de un tiempo dentro de su agitada agenda para leer la primera versión del libro y hacer las sugerencias desde el punto de vista de una madre; y a Judy Hunter que siempre me preguntaba por mis progresos.

Y un gran agradecimiento al Director del Centro TEACCH de Asheville, Dr. Steve Love, con su actitud siempre positiva, y quien siempre me apoyó en todos mis proyectos, aún en este que tanto tiempo insumió.

Gracias a todo el Programa TEACCH por contar con las personas más gentiles, creativas, y realistas que existen. Gracias al Dr. Eric Shopler, fundador y primer Director de TEACCH, por su genialidad y humanidad. Gracias al Dr. Gary Mesibov, Director de TEACCH, por ayudarnos a entender el autismo como una cultura, y por sus consejos, perspectivas y pacientes respuestas a mis emails. Y gracias al Dr. Roger Cox, nuestro anterior director en Asheville, por sus presentaciones siempre tan apasionadas sobre el autismo.

Gracias a Cristina Webb por probar este libro en la escuela primaria Isaac Dickson en Asheville, con sus estudiantes de entre nueve y trece años; y por proporcionarme ejemplos de sus tareas estructuradas mientras yo consideraba cual incluír en este libro. Gracias al Dr. Jack Wall, Director del Centro de TEACCH de Charlotte, porque me permitió incluír su estrategia Cuidado con el pozo, y a Teresa Johnson por la descripción tan acertada de su aplicación. Y a mi amiga, Linda Larsen, por ayudarme a dibujar "la oficina".

Gracias a la Dra. Vaya Papageorgiou, de Tesalónica, Grecia, porque sabía aún antes que yo que iba a escribir este libro; y gracias por traducirlo al griego. Gracias a la Dra. Cathy Pratt, de Indiana y a Carol Gray de Michigan, por permitirme incluír sus trabajos tan inspiradores.

Gracias a los talentosos artistas que contribuyeron con dibujos de sus colecciones: Paul Hoyt, Brian Davis y Doug Buckner; y a sus madres: Gale Hoyt, Laurie Davis y Gladys Buckner.

Un agradecimiento muy especial a los dos artistas que se comprometieron con estas páginas: su labor y creatividad las dotó de vida. A Thomas Johnson quien dibujó setenta bosquejos solamente para este libro, aportando todo su talento y dedicación , además de una actitud siempre positiva. Y a su madre Teresa, que buscó dentro de cajas con miles de dibujos los más adecuados. A Maria White, que con gran compromiso y responsabilidad creó seis hermosas ilustraciones. Aprecio su franqueza y su permiso para nombrarla a lo largo del texto.

Gracias a Dave Spicer por su compromiso en educar a los demás en lo que se siente al tener autismo y por escribir sus pensamientos en lo que se refiere al talento artístico; a John Engle por editar las páginas del libro de trabajo y por compartir sin embagos sus experiencias. A Kelly Davis por el entusiasmo y la claridad al editar la sección para padres y maestros; a nuestro fotógrafo Marilyn Ferikes y a Adela Allen, de la Universidad de Arizona, por permitirnos utilizar su cita al comienzo del libro.

Gracias a mi prima Irene Vassos por compartir conmigo una interminable maratón de fines de semana frente a la computadora, corrigiendo, formateando, escaneando, evaluando y reevaluando la presentación visual. Detrás de esta presentación están los ojos de Irene. Gracias a Wayne Gilpin y a la editorial Future Horizons que editó el original de este libro en inglés.

Gracias a Kemper Brown y a Ken Jones que me auxiliaron en todas las crisis que tuve con la computadora. Gracias a mi familia y amigos, que creyeron en este proyecto y me alentaron; especialmente Odette, David, Michele, Joe, Jan, Dayna, Jim, Janna, Stuart, Helena, Bob, Tom, Maria, Mickey, Pandora, Bill, Claudia, Boone, Papá y Mamá Faherty, y Ed y Sheila.

Finalmente, gracias a los siguientes miembros de mi familia por su incondicional sostén, sin el cual este proyecto no habría visto la luz. A mi madre que me dio las fuerzas, el coraje y la creatividad; a mi padre que me enseñó la empatía y la importancia de servir; a ambos gracias por instalar en mí la máxima *"para un problema siempre hay una solución"*; gracias a mi Tía Jane por su visión sobre el libro, a mi esposo por su diario y sostenido apoyo y a mi hijo que me recuerda siempre que hay que tener fe y confianza en uno mismo.

A todos, eternamente agradecida.

Capítulo 1: Introducción

Libro de trabajo

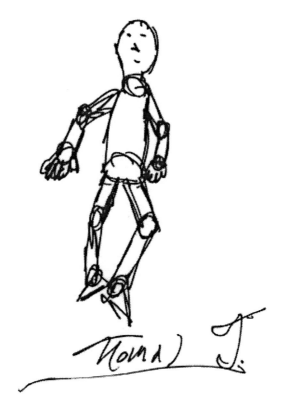

Thomas Johnson, 1999
10 años

Yo puedo tener preguntas

Este libro me puede ayudar para entenderme mejor. Me han dicho que yo tengo **autismo de alto funcionamiento** o **TGD** o **Síndrome de Asperger** o **TGD-NE** o _____

_____.

Yo tengo algunas preguntas.

Yo voy a encerrar en un círculo las preguntas que tengo:

¿Qué significan estas palabras?

¿Me pasa algo malo?

¿Yo soy el único así?

¿Hay otras personas como yo?

¿A quién le debería contar esto?

Quizás yo no tengo ninguna pregunta. Eso está bien. Pero, si tengo más preguntas, las puedo escribir en la página siguiente, o puedo pedirle a alguien que las escriba por mí.

Si tengo más preguntas, las puedo escribir aquí.

Puedo no tener ninguna pregunta ahora, pero si se me ocurren algunas más tarde, puedo regresar a esta página y escribirlas.

1. _____

2. _____

3. _____

4. _____

5. _____

6. _____

7. _____

8. _____

9. _____

10. _____

11. _____

12. _____

Leyendo este libro

Yo puedo leer este libro con mi papá, mi mamá, con los dos juntos, o con cualquier otra persona que me conozca bien. Yo voy a leer este libro con:

- Mi papá

- Mi mamá

- Mi maestra

- Otra persona _____

Más tarde, yo puedo leer este libro solo. Pueden haber ciertas páginas que me guste leer. A veces mis padres o mi maestra pueden querer leer ciertas páginas conmigo, otra vez. También pueden haber otras personas que quieran leer este libro. Yo lo puedo compartir también con una o todas estas personas:

- Mis abuelos

- Mis tíos y tías

- Mi hermano o hermana

- Mis primos

- Mi maestra

- Mi amigo o amiga

- Alguien más _____

Este es un Libro de Trabajo

Este es un libro de trabajo. Está bien escribir en sus hojas. Hay espacios para completar, lugares donde marcar, y cosas para encerrar en un círculo.

_____

Cada página tiene un número abajo. Después de leer una página, yo puedo pensar en lo que leí. Si hay algo que quiero recordar, o si la página me parece importante, uno con un marcador la circunferencia punteada que encierra el número de página

Cuando yo termine de leer este libro, las páginas que estén marcadas serán las más importantes para mí.

Estas páginas pueden ayudar a los demás a comprenderme mejor.

Instrucciones

Algunas páginas de este libro tienen cosas para leer y marcar. Pueden haber renglones en blanco para escribir en ellos, o frases para marcar con un lápiz o fibra.

Las instrucciones generalmente dicen:

Yo voy a encerrar en un círculo o resaltar lo que se ajusta a mí.

Otras veces las instrucciones dicen:

Yo voy a marcar lo que se ajusta a mí.

En este libro, **marcar** significa resaltar o encerrar en un círculo.

Podemos marcar en las páginas de este libro con fibras de colores fluorescentes …

O marcar con un lápiz de color común , alrededor, así…

Practico marcando lo verdadero

Diferentes cosas son verdaderas para diferentes niños. Cada niño que tenga un libro de trabajo como este va a marcar distintas cosas.

En esta página, yo puedo practicar completando en los espacios en blanco y marcando lo verdadero. Yo voy a marcar solamente las cosas que son verdad para mí. Si lo que dice la oración no es verdad, entonces no lo voy a marcar.

Yo voy a encerrar en un círculo o resaltar lo que se ajusta a mí.

- Yo soy un niño
- Yo soy una niña
- Yo tengo un millón de años
- Yo tengo diez años
- Yo tengo _____ años
- Yo vivo en _____.
- Me gusta comer pizza
- No me gusta nadar
- Yo no tengo hermanos
- Yo tengo una hermana

Mi _____ está leyendo esta página conmigo.

El domingo, yo quiero ir a _____.

Hoja especial de práctica

Mis padres o mi maestra me pueden ayudar a preparar esta hoja especial de práctica escribiendo en los espacios en blanco. Algunas cosas son verdaderas para mí, y otras no son verdaderas para mí.

Yo voy a encerrar en un círculo o resaltar lo que se ajusta a mí.

- Me gusta leer
- No me gusta leer
- Tengo una hermana
- Tengo un hermano
- Soy el mayor de mis hermanos
- Soy el menor de mis hermanos
- _____
- _____
- _____
- _____
- _____
- _____
- _____
- _____
- _____
- _____

Me presento

Mi nombre es _____

Mi cumpleaños es _____

Hoy es _____

Yo voy a dibujar un retrato (o pegar una foto) de mí, aquí.

Mis habilidades y talentos

Todos tenemos nuestras habilidades y nuestros talentos. Mis habilidades y talentos son las cosas que hago mejor y que me gusta hacer.

Yo voy a encerrar en un círculo o resaltar lo que se ajusta a mí.

Mis habilidades y talentos son:

Leer	escribir cuentos o poesía
Deletrear	sacar fotos
Ordenar alfabéticamente	hacer deportes
Escribir a mano	cocinar
Idiomas extranjeros	limpiar
Dibujar o pintar	ordenar
Computadoras	hacer teatro
Sumar o restar	cosas mecánicas
Multiplicar o dividir	construcciones
Poner en parejas	comprender a los animales
Fechas	coser, tejer, bordar
Ordenar numéricamente	algebra
Tocar un instrumento musical	memorizar
Cantar	recordar cosas
Otros: _____	otros: _____

El Autismo es otra de Mis Características

Otra cosa sobre mí es que yo tengo autismo. La mayoría de los niños no tiene autismo, pero algunos sí. Yo soy uno de los niños que tiene autismo.

Hay niños y adultos por todo el mundo que tienen autismo. Quizá yo hoy no conozco a nadie más que tenga autismo, pero algún día podría encontrarme con otros que tengan.

Las personas con autismo son diferentes unas de otras. Algunos niños con autismo nunca hablan. Otros hablan un poquito y algunos hablan mucho.

Yo tengo un tipo especial de autismo que se llama **autismo de alto funcionamiento** o **Síndrome de Asperger**. A veces se llama **TGD** o **TGD-NE**. También se puede llamar **Desorden del Espectro Autista**. Todos estos términos están relacionados con el autismo.

En este libro, se va a llamar simplemente autismo, pero puede significar todas estas cosas: (marco el término usado conmigo)

- Autismo de Alto Funcionamiento (*AAF*)
- Síndrome de Asperger
- TGD *(Trastornos Generalizados del Desarrollo)*
- TGD- NE *(Trastornos Generalizados del Desarrollo No Especificados)*
- Desorden del Espectro Autista
- Otros: _____

¿Qué es el autismo?

El autismo es invisible. Nadie puede verlo. Es una de las cosas que me hace ser como soy. Este libro me va a explicar todo lo especial del autismo.

El autismo afecta el funcionamiento de mi cerebro. El cerebro es como una computadora que siempre está prendida y hace que las personas funcionen. El autismo hace que mi cerebro funcione distinto al cerebro de los demás.

Tener un cerebro con autismo es como tener una computadora con un sistema no compatible al usado por los demás.

El autismo hace que yo experimente el mundo de determinada manera. Algunas veces yo lo experimento igual que los demás, y otras veces yo lo experimento de distinta manera.

El autismo es otra forma de ser y de sentir.

¿Por qué tengo autismo?

Nadie sabe por qué tengo autismo. Los científicos no saben cual es su causa, ni por qué algunas personas lo tienen y otras no. Ellos están investigando. El autismo es todavía un misterio. Pero hay *algunas cosas que sí se saben*:

Los científicos saben que:

- El autismo no es una enfermedad, y no significa que yo estoy enfermo.

- No significa que yo esté bien o mal, *ni* que soy mejor que otros niños.

- Nadie tiene la culpa de que yo tenga autismo.

- El autismo es *neurológico* porque involucra a mi cerebro.

- Algunas veces parece ser genético. Primos, tíos, tías, hermanos, hermanas u otros familiares pueden tener autismo.

Tener autismo no está ni bien ni mal.
El autismo es otra forma de pensar y de ser.

¿Yo nací con autismo?

Cuando yo nací, mis padres y el doctor no sabían que yo tenía autismo. Nadie puede decir si un bebé tiene autismo. Ellos no esperaban que yo tuviera autismo, porque la mayoría de los bebés no tiene autismo.

Cuando yo tenía _____ años mis padres pensaron que había algo diferente en mí, pero aun no sabían que yo tenía autismo. Ellos me amaban mucho y no comprendían por qué yo …

_____

_____

_____

_____

Mis padres descubrieron que yo tenía autismo cuando yo tenía _____ años. Entonces pudieron comprenderme mejor. Ellos me siguen amando mucho.

Ahora, yo sé que tengo autismo. Yo tengo _____ años. Mis padres me dieron este libro para que me ayude a entenderme mejor. Ellos quieren que yo sepa que soy una persona maravillosa y especial.

Para Padres y Maestros

Este es un mensaje introductorio de un adulto con autismo:

Como persona con autismo, diagnosticado recién a mis 46 años (en 1994), he visto con gran alegría y alivio la cantidad de información que ha surgido en etos últimos años referente al autismo. No sólo existen muchos más libros describiéndolo desde el punto de vista médico, académico o de los padres, sino que también existe un número creciente de personas con autismo que aportan sus experiencias, puntos de vista e intuición a la literatura disponible.

Este libro ofrece otra aproximación a la comprensión de este tema: anima a los niños con autismo a aprender más sobre sí mismos y los guía a través de un viaje de auto-descubrimiento. El libro de trabajo constituye una fuente invaluable para que estos niños puedan comprenderse mejor y aumentar su auto-estima. Un libro como este me hubiera resultado muy útil y le hubiera servido también de mucho a mis padres, cuando yo era niño.

Con los mejores deseos,

Dave Spicer
Abril de 1999
Asheville, Carolina del Norte, USA

Este capítulo introductorio del libro de trabajo asume que el lector ha escuchado alguna vez el término "autismo" o alguno relacionado, y ofrece consecuentemente explicaciones sencillas. Pauta el tono general del libro y guía al adulto, que lo comparte con el niño, para que lo pueda ayudar describirse mejor y completar con la información necesaria.

Ideas en este capítulo

- Marcar lo verdadero
- El libro de trabajo requiere tu guía y colaboración
- ¿Qué pasa si tu hijo quiere marcar todas las opciones,
   o no quiere marcar ninguna?
- Subraya con un papel para ayudarlo a concentrarse
- Elige la página que quieras

Marcar lo verdadero

Quizá muchos niños con autismo de alto funcionamiento no sean capaces de identificar, de una lista de descripciones u opiniones, aquellas que se pueden aplicar a ellos mismos. Por otra parte, pueden haber niños o adolescentes con diagnósticos del espectro autista que con adecuada práctica, enseñanza y aliento logren participar aportando la información personal requerida en el libro de trabajo.

Siempre ten a mano un lápiz, marcador o crayon para marcar las páginas del libro.

El libro de trabajo requiere tu guía y colaboración

Este libro está pensado para ser completado con la supervisión de un adulto. Debido a la amplia gama de habilidades y capacidades que demuestran los niños con autismo, el grado de ayuda y supervisión a brindar por el adulto varía de niño a niño. La información del libro de trabajo también ser útil para los adultos lectores.

¿Qué pasa si tu hijo quiere marcar todas las opciones, o no quiere marcar ninguna?

El capítulo de introducción plantea instrucciones concretas y hojas de práctica, que te ayudarán a determinar si tu hijo es capaz de responder marcando lo que es verdadero. Utiliza estas páginas como un instrumento de enseñanza. Puedes recurrir a ellas toda vez que lo necesiten, mientras estén leyendo este libro. Algunos niños rutinaria e indiscriminadamente continuarán marcando todas las opciones. O marcarán todas las opciones cuando se encuentren frente a una información que no entienden. Algunos niños insisten en marcar todas las opciones que perciben como correctas, sean o no verdaderas. Si tu hijo tiene dificultades en marcar lo verdadero, intenta con las siguientes sugerencias:

Resaltar previo a la lectura

Antes de leer el libro con tu hijo, léelo tú solo y marca con un marcador resaltador las opciones que estés absolutamente seguro de que son verdaderas para él. Más tarde, mientras lean el libro juntos, el puede encerrar en un círculo lo que está resaltado. *Si haces esto, asegúrate de marcar solamente lo que estés absolutamente seguro.* Aun cuando esto implique dejar sin marcar algunas opciones que podrían ser verdaderas, es preferible dejarlas en blanco que "poner palabras en su boca" que pueden no ser ciertas.

Permítele que no marque nada

Hay suficiente información en este libro como para que el lector se beneficie de ella, aún cuando no participe marcando alguna opción. Es posible que a medida que tu hijo madure, llegue a ser capaz de involucrarse más, y tú lo puedes ayudar a marcar lo verdadero.

Permítele marcar *todas* las opciones

Lo más importante es que esté interesado en el libro. Siempre puedes volver a leerlo con él una seguna vez. Antes de esta segunda lectura conviene que marques aquellas opciones que sabes que son verdaderas para tu hijo. Si el antes hizo un círculo, ahora tú usa el resaltador. Si el usó el resaltador, tú haz el círculo. durante esta segunda lectura él se dará cuenta de lo que tú has marcado. *Siempre recuerda marcar solamente aquello que estés seguro que es verdad.*

Utiliza el espacio en blanco, al lado de *"otros: _____"*

Al final de la mayoría de las listas se encuentra un renglón titulado como "otros" y que consiste en un espacio en blanco para completar. Utiliza este renglón de la manera más eficiente para tu hijo. Pueden completarlo con algo que sabes es verdadero, o pueden dejarlo en blanco. Tu hijo te sugerirá lo que puedes escribir, o lo escribirá él mismo. Después lo pueden encerrar en un círculo o resaltar, de la misma manera que con las demás opciones. *Si no hay espacios en blanco, pero existe algo algo que sabes es cierto y no está listado, simplemente puedes agregar una línea y escribirlo, y después marcarlo.*

Habla sobre las listas, "…lo que se ajusta a mí"

Entabla un diálogo con tu hijo y ayúdalo a comprender si se identifica con alguna opción de la lista. Dependiendo de la tolerancia que demuestre hablando de determinados temas y con su propio autoconocimiento, podrás utilizar los temas de las listas para iniciar una charla. Para tí, el hablar de ciertos temas puede ser muy natural. Pero puede no ser tan natural para tu hijo. Si la charla o discusión lo alteran, o si se resiste a hablar, será mejor dejar que el libro se encargue de todo el tema. *No empujes a tu hijo a hablar de algo que no quiere, por más que a tí te parezca un tema de extrema importancia.* En algunos casos será mejor que lo dejes explorar el libro a su manera y a su ritmo. Puedes también probar con algunas de la sugerencias citadas más arriba. Más adelante puedes intentar escribir sobre dterminado tema, usando las ideas de los Capítulos 6 y 8.

Subraya con un papel para ayudarlo a concentrarse

En las páginas del libro de trabajo hay mucha información. La mayoría de las listas contienen cierto número de opciones para leer, pensar, elegir y marcar. Si yo hubiera insistido en presentar este libro lo más claro posible visualmente, el espacio insumido sería diez veces más que el actual. Como esto no es posible, te sugiero que intentes con este método - corta un trozo de papel de unos dos dedos de ancho y guárdalo en este libro.

Cuando estén leyendo, usa el trozo de papel para subrayar el renglón que tu hijo está leyendo, cubriendo con el papel el resto del texto.

Para algunos niños, puede ayudar si los renglones previos también quedan cubiertos. Si tu hijo se distrae con los renglones que ya leyó, puedes tomar un trozo de papel más grande y cortar en él una "ventana" . La ventana debe tener el largo del renglón y no abarcar más de unos tres renglones.

Tal como se demuestra aquí, la ventana resalta lo que se está leyendo. Cuando llega el momento de leer las próximas líneas, simplemente se corre la ventana para abajo.

Elige la página que quieras

Quizá algunas páginas de este libro no describan a tu hijo. Otras probablemente contengan conceptos por arriba de su nivel de comprensión. Pueden haber páginas que den una descripción bastante exacta de alguna característica de tu hijo, aunque él no sea capaz de entender lo que está escrito. En estos casos, puedes dejarlo que se saltee esas páginas, y tomar nota de recordarlas más adelante.

Capítulo 2 : Maneras de pensar

Libro de trabajo

Dibujo de Maria White, 1999
21 años

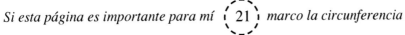

Las cosas que más me gustan

Todos tenemos nuestros intereses y nuestros gustos. **Una de las cosas más importantes de tener autismo es que me ayuda a estar concentrado en lo que me gusta.** Cuando hago lo que me gusta, casi siempre me siento bien. Yo puedo tener solamente una cosa que me guste o puedo tener más de una.

Las cosas que más me gustan son:

1. _____

2. _____

3. _____

Hay muchas maneras de disfrutar de las cosas que me gustan. Yo voy a marcar las maneras que tengo de disfrutar de mis actividades o temas favoritos.

- Me gusta pensar en mis temas favoritos
- Me gusta leer sobre mis temas favoritos
- Me gusta hablar sobre mis temas favoritos
- Me gusta hacer dibujos de mis temas favoritos
- Me gusta escribir sobre mis temas favoritos
- Me gusta hacer algo con mis temas favoritos

Algunos niños con autismo tienen cosas que les interesan durante mucho tiempo. Algunos de esos intereses cambian después de unos meses.

Esta es una lista de las cosas que me han interesado durante los últimos años:

1. _____
2. _____
3. _____
4. _____
5. _____
6. _____
7. _____
8. _____

(Agrega más números si necesitas)

_____
_____
_____
_____
_____
_____
_____
_____

Los detalles

Algunas personas dicen que yo tengo una memoria *muy buena*.

Muchos niños con autismo tienen memorias muy buenas. La clase de cosas en que los niños con autismo se fijan y recuerdan se llaman **detalles**. *Los detalles pueden ser colores, letras, números, formas, lugares, nombres, señales, olores, fechas, horas, números de teléfono, y otras muchas más cosas.* Algunos de los detalles en que yo me fijo son cosas que las otras personas no creen importantes, y entonces no se fijan en ellas o no las recuerdan.

Generalmente, yo recuerdo detalles que son interesantes para mí, o que se relacionan con mis temas favoritos. Algunos detalles en que yo me fijo y recuerdo son:

1. _____

2. _____

3. _____

4. _____

**Muchos niños con autismo son buenos
fijándose y recordando detalles que son
importantes para ellos**

Formas de aprender

Todos aprendemos. Algunas veces aprender es fácil y otras veces aprender es difícil. Los niños aprenden de diferentes formas. Todos tienen su propio **estilo de aprender**. El autismo afecta mi estilo de aprender.

Yo voy a encerrar en un círculo o resaltar lo que se ajusta a mí.

A mí me gusta cuando:

- Yo puedo mirar lo que los otros están haciendo
- Hay imágenes para mirar
- Hay palabras que puedo leer
- Alguien me lee
- Se trata de un tema que me gusta
- La gente habla mucho
- Otros: _____

Yo aprendo más fácil cuando puedo leer las palabras
que cuando alguien habla.

Si esto es verdad, entonces lo voy a encerrar en un círculo.
Si no es verdad, entonces lo voy a tachar.

La perfección

A muchos niños con autismo les gusta que las cosas sean **perfectas**. Es por esto que muchos niños con autismo son buenos trabajadores, pero a veces también puede causarles problemas.

Yo voy a encerrar en un círculo o resaltar lo que se ajusta a mí.

- Yo quiero ser el primero en terminar mi trabajo
- Yo quiero que mi trabajo luzca de determinada manera, entonces lo corrijo una y otra vez hasta que quede como quiero
- Yo borro mi trabajo muchas veces
- Si no me queda bien, lo abandono y me pongo ansioso o enojado
- Otros: _____.

Pero las cosas no siempre quedan perfectas. No está mal que otros niños terminen antes que yo, ni está mal si cometo errores. *Todos* cometemos errores, aún las personas más inteligentes del mundo. Yo puedo intentar:

- No molestarme si **alguien** termina antes que yo. Yo puedo terminar segundo, o tercero o mucho después.
- Corregir los errores que sé cómo corregir
- **Pedirle** a alguien que me ayude con los errores que no comprend
- **Continuar** con la actividad que estoy haciendo
- Otros: _____.

Yo no necesito empezar desde el principio, una y otra vez. Yo no tengo por qué sentirme mal con mi trabajo.

Más sobre la perfección...

Si tengo ser el primero, o si tener que hacer mi trabajo una y otra vez me causa problemas, puedo intentar tener una lista como lo que está más abajo. Si esto me ayuda, puedo pedirle a mis padres o a mi maestra que me ayuden a hacer más listas para usar.

Yo voy a anotar todas las fechas en que dejé que alguien más terminara antes que yo.

1. Yo dejé que alguien terminara antes que yo _____

2. Yo dejé que alguien terminara antes que yo _____

3. Yo dejé que alguien terminara antes que yo _____

4. Yo dejé que aguien terminara antes que yo _____

Yo voy a anotar todas las fechas cuando terminé mi trabajo sin corregirlo una y otra vez.

1. Yo terminé, sin corregir una y otra vez _____

2. Yo terminé, sin corregir una y otra vez _____

3. Yo terminé, sin corregir una y otra vez _____

4. Yo terminé, sin corregir una y otra vez _____

Mis padres o mi maestra pueden completar los espacios con algo que yo hago.

Yo voy a anotar todas las veces que yo _____.

1. _____

2. _____

3. _____

Rutinas y familiaridad

A los niños con autismo les gustan las rutinas y la familiaridad. Una **rutina** es cuando se hacen las mismas cosas de las mismas maneras. **Familiaridad** significa estar acostumbrado a algo.

Las rutinas me hacen sentir bien porque yo sé lo que puedo esperar que pase. A mí me gusta saber lo que va a pasar y cuando. Por eso, cuando las cosas me son familiares yo me siento bien.

Me gusta que estas cosas *no cambien*:

1. _____

2. _____

3. _____

4. _____

5. _____

6. _____

Algunas veces las cosas cambian. Surgen otras cosas inesperadas. Algunas veces yo sé por anticipado que las cosas van a ser distintas.

Algunas veces yo no sé que algo va a cambiar hasta que el cambio ocurre.

Cambios

Algunas veces yo estoy muy concentrado en lo que me gusta y no quiero parar. O algo me es familiar y no quiero **cambiarlo**.

Pero alguien puede decirme que es hora de **cambiar** y **hacer otra cosa**. Algunas veces ocurre una sorpresa.

A muchos niños les gustan las sorpresas. Una sorpresa es cuando algo cambia inesperadamente, *y no sabemos exactamente por qué*. Algunos niños piensan que las sorpresas son divertidas, pero muchos niños con autismo piensan que es más divertido que las cosas queden como están.

Cuando las cosas cambian o son nuevas o diferentes, yo me pregunto si en algún momento volverán a ser como antes.

Cuando hay cambios, yo me pongo nervioso, confundido, triste, frustrado o enojado. **Los cambios pueden ser difíciles para los niños con autismo.**

En la siguiente página yo voy a escribir algunos de los cambios que más me molestan.

Yo no tengo que escribir en todos los renglones. Yo solo tengo que escribir lo que es verdadero para mí.

Algunos de los cambios que más me molestan son:

Maneras de pensar

1. _____

2. _____

3. _____

4. _____

5. _____

6. _____

7. _____

8. _____

9. _____

10. _____

11. _____

12. _____

Un Horario Puede Ayudarme A Ser Mas Flexible

Nada queda para siempre como está. **Ser flexible** significa que yo no me pongo nervioso cuando las cosas cambian. Los niños que son flexibles pueden divertirse aun cuando las cosas cambien. Seguir un **horario** me puede ayudar a ser flexible.

Un **horario** es una lista de lo que sucederá en el dia de hoy. Usar un horario es divertido.
Cuando miro el horario,

- Yo *sé* que cosas van a quedar *como siempre* el dia de hoy, y que cosas van a ser diferentes.

- Yo puedo *ver* si una *sorpresa* va a pasar.

- Yo puedo *ver* lo que va a pasar *primero* y lo que va a pasar *más tarde*.

- Yo se que yo *no me voy a quedar estancado haciendo algo que no me gusta* porque puedo ver que eso va a terminar y que otra cosa va a ocurrir después.

- Yo puedo ver cuando es el momento de mis *actividades favoritas*.

- Yo me siento *involucrado*. Cuando consulto mi horario, averiguo lo que a pasar después, y marco cada cosa que voy haciendo.

Cambios De Ultimo Momento

Algunas cosas tienen que cambiar inesperadamente. Pueden cambiar enseguida, o pueden cambiar dentro de un rato. Un cambio inesperado tambien se llama cambio de **último momento**.

Si hay *cambios de último momento*, mis padres o maestra pueden buscar mi horario, y borrar o tachar lo que se suponía iba a suceder. Luego pueden escribir el cambio en mi horario.

También se pueden anotar en el horario los cambios que se van a hacer más adelante. *Para mí es más facil comprender y manejar los cambios cuando puedo ver lo que va a pasar.*

Si yo no tengo un horario, entonces mis padres o mi maestra me pueden ayudar a entender el cambio de último momento escribiendo una nota y dándomela.

El cambio de último momento puede ser más fácil de manejar si lo puedo leer. *Entonces puedo quedarme con la nota, y mirarla todas las veces que quiera.*

Los ejemplos de horario para ser usados en las diferentes situaciones se pueden encontrar al final de este capitulo, en la sección: **Para Padres y Maestros, pags. 44 - 49**.

Para Padres y Maestros

"Me habría gustado si hubiese entendido mejor lo que estaba sucediendo …si hubiese existido algún orden o predecibilidad en los cuales poder apoyarme"

— Dave Spicer a los 49 años, refiriendose a su niñez

Ideas de este capitulo

- La necesidad de éxito
- Diagnóstico
- Diagnóstico diario e informal
- Incoherencias
- Enseñanza visual estructurada
- El horario
    1. Por que usar un horario
    2. Personalizando el horario
    3. Como hacer un horario
    4. ¿ Qué periodo de tiempo debe cubrir ?
    5. ¿ Necesito escribir las horas en el horario?
    6. Mantenerlo claro y facil de leer
    7. ¿Como puede el horario ayudar a mi hijo a ser más flexible?
    8. ¿Como puede ayudarlo a ser organizado?
    9. Tildar y tachar
    10. ¿Cómo puede ayudarnos a manejar sus restringidos restringidos ?
    11. ¿Cómo puede ayudarnos a neutralizar sus discusiones ?
    12. ¿Qué pasa si no le interesa usar el horario?
    13. Incorporar el horario como parte de la vida
    14. ¿ Es la meta que él escriba su propio horario ?
    15. ¿Usar o no usar?

La necesidad de éxito

La mayoría de nosotros aprendemos por ensayo y error. La vida se nos presenta llena de oportunidades de aprender de nuestros errores, asi como también de nuestros éxitos. Recordamos lo que debemos hacer diferente en la próxima ocasion. Comprendemos la relación que existe entre nuestro comportamiento y sus consecuencias. Este proceso se da tan naturalmente que muchos manuales para padres sugieren métodos de disciplina que promueven que los niños aprendan a través de las consecuencias de sus actos.

Sin embargo, el aprendizaje por ensayo y error puede ser tan impredecible y atemorizante para los niños con autismo que se nieguen tan siquiera a intentar. Muchos padres de niños con autismo han observado como su hijo evita involucrarse en una actividad si no logra dominarla a la perfección.Se ha observado que la necesidad de tener éxito para la mayoría de los niños con autismo es inmediata y total. Son tan renuentes a cometer errores que muchos de ellos ni siquiera hacen el intento hasta que no están seguros que pueden realizar la actividad correctamente y sin equivocarse. **Estos niños no aprenden fácilmente de sus errores, tampoco se dan cuenta de las conexiones, los procesos y las relaciones que existen entre cometer un error, casi lograr algo y tener éxito.**

Esperar que un niño con autismo de alto funcionamiento aprenda solamente a través del método natural de ensayo y error es arriesgarse a generar un niño con una baja autoestima, que siente verguenza de si mismo y que se hace una severa autocrítica. Los niños que solo ven las polaridades (bueno/malo, blanco/negro, correcto/incorrecto) naturalmente llegarán a la conclusión de que son malos o de que se equivocaron cuando cometen un error. Un adulto con autismo dijo una vez que cuando niño, él percibía la vida como "fracaso tras fracaso". Los errores forman una parte inevitable de nuestra vida. Sin embargo el autismo, con sus características tan particulares, causa automáticamente una serie de comportamientos fuera de lugar, embarazosos y en algunas ocasiones, de total incomprensión. Como consecuencia, los niños con autismo cometen aun más errores que un niño promedio. El hecho de que no relacionen su comportamiento con sus consecuencias, y de que no aprenden fácilmente de sus errores, solo hace estas experiencias más sin sentido, azarosas e intolerables.

Las estrategias educativas que padres y maestros de niños con autismo usen deben apoyarse sobre unas bases sólidas, fundadas en habilidades ya conquistadas y en competencias adquiridas. La observación diaria y el continuo diagnóstico se tornan esenciales. Las estrategias educativas diseñadas para prevenir el fracaso y reforzar el éxito contribuirán para que el aprendizaje se de libre y naturalmente.

Diagnóstico

Es necesario hacer un diagnóstico general de las habilidades del niño y de su manera de aprender. El diagnóstico formal y el informal revelarán la trama única de sus fortalezas y debilidades, talentos e intereses. Ningún test ni ninguna prueba numérica podrán describir con exactitud su desarrollo. Los niños con autismo tienen sus altibajos. Las habilidades no verbales pueden estar más desarrolladas que las verbales, aunque la mayoría de los que tienen AAF y Síndrome de Asperger cuentan con habilidades verbales muy importantes, mientras que aparecen deficiencias en las areas de habilidades no verbales. Incluso dentro de estas dos categorías, el desarrollo es desparejo. La capacidad functional adaptativa (como se desempeña el niño en la vida real) es generalmente menor que su capacidad cognitiva (de pensamiento).

La manera tan particular de desarrollarse que tiene tu hijo, sus fortalezas y necesidades, su forma de aprender, y sus actividades favoritas deben ser siempre tenidas en cuenta, a la hora de planear su programa educacional.

Diagnóstico diario e informal

Tus observaciones cuidadosas y diarias, de actividad a actividad, constituyen la fuente de diagnóstico mas invaluable que existe sobre tu hijo. ¿ Qué desata su ansiedad? ¿su enojo? ¿su aislamiento? ¿Qué motiva su interés? ¿Cuando se siente más tranquilo? ¿que estrategias lo ayudan a ser más organizado?¿cooperativo?¿involucrado?

Tus observaciones deben ser utilizadas a la hora de desarrollar estrategias educativas y al confeccionar su plan de enseñanza.

Incoherencia

Muchos padres han dicho que el único aspecto coherente de su hijo es el hecho mismo de su incoherencia. El autismo se caracteriza por los altibajos en el desarrollo y por la dificultad en generalizar lo que se aprende en una situación para transferirlo a otra. El hecho de que hoy sea capaz de hacer una cosa no nos asegura que mañana sea capaz de hacerla nuevamente. Sin embargo, resulta tentador explicar estos comportamientos utilizando argumentos como "es un manipulador" o "puede hacerlo, si quiere".

Es importante recordar que en la mayoría de los casos, cuando un niño que tiene autismo no puede o no está haciendo algo, es porque hay algo en esa actividad que lo confunde o que no tiene sentido para él (aún cuando ayer haya tenido éxito en esa misma actividad). Pequeños cambios en el entorno como diferente maestra, distintos materiales, o demasiada estimulación pueden constituír la diferencia. Variaciones en su estado anímico, como el sentirse cansado, enfermo, ansioso o distraído por algún pensamiento, pueden causar cambios dramáticos en su accionar.

Recuerda que la incoherencia forma parte de su estilo de aprendizaje. Si quieres entender la forma de ser de tu hijo, comienza por aceptar su comportamiento enigmático en lugar de arribar a conclusiones apresuradas sobre sus motivos. Verás que los métodos de enseñanza más efectivos son aquellos que son coherentes con su ambiente.

Enseñanza visual estructurada

Cualquier método de enseñanza de nuevas habilidades y comportamientos debe ser adaptado a la forma en que tu hijo aprende, de esta manera maximizarás su potencial de aprendizaje. La mayoría de los niños con AAF responden positivamente a métodos visuales y estructurados. Aún cuando las habilidades verbales del niño estén más desarrolladas que las no verbales, los métodos estructurados de enseñanza pueden reafirmarlo y ayudarlo a organizarse, concentrarse, secuenciar y por consiguiente, funcionar de manera más independiente. Para aquellos niños que tengan una capacidad de procesamiento visual pobre, como los niños que tienen discapacidades en el área no verbal de aprendizaje, este método proporciona el elemento organizacional y promueve la independencia. El *horario diario individualizado* es una de las estrategias visuales estructuradas más efectiva.

El horario

El horario diario e individualizado es una estrategia visual que proporciona predecibilidad a la enseñanza. Este tipo de horario para estudiantes con autismo ha sido desrrollado y usado ampliamente por el Programa TEACCH desde 1970. Los horarios visuales ayudan a niños y adultos con autismo a anticipar y prepararse para las actividades del dia. Las transiciones y los cambios resultan mas fáciles, se esclarece el futuro, y el niño logra ser más organizado. Los horarios pueden ser usados en la escuela, en la casa y al salir.

Típicamente, los niños y adultos con AAF responden mejor a un horario que está escrito o impreso. Si se incluyen dibujos o símbolos, el conjunto de la información escrita resultará más clarificante y tranquilizador.

Es importante tener en cuenta que cuando decimos "horario" no nos referimos a las actividades en si mismas ni a una secuencia diaria de estas. "Horario" se refiere a la estrategia visual que clarifica las actividades que ocurrirán, y el orden en que lo harán. Se pueden encontrar ejemplos de horarios en las páginas 44 a 49.

1.   ¿Por qué usar un horario?

Cuando se usa coherentemente, el horario resulta ser una estrategia invaluable que posibilita cambios en el corto y largo plazo. Usar un horario:

- Capitaliza las capacidades visuales
- Promueve la independencia
- Limita el tiempo dedicado a las actividades favoritas
- Enseña flexibilidad
- Construye habilidades vocacionales
- Ayuda al niño discutidor a aceptar mas fácilmente las directivas de los demás

2.   Personalizando un horario

Asi como con otros métodos de enseñanza, el éxito reside en la capacidad que tenga el adulto de adaptarlo a cada niño. Esta adaptación es más necesaria en el caso de tratar con niños con autismo que con niños típicos.

El resto de este capítulo sugiere varios aspectos a considerar cuando se trata de personalizar un horario para tu hijo.

3.   ¿Cómo hacer un horario?

Un horario escrito es comparable al calendario o la agenda de un adulto. Debe ser fácil de usar. Utiliza un libro de notas o un cuaderno en espiral. Algunos niños colocan su horario sobre su escritorio en la escuela.

Escribe el horario del niño al comienzo del día, listando las actividades y eventos cronológicamente. Incluye tanto las actividades favoritas como las que se niega a hacer. Sé lo suficientemente específico como para que pueda ver fácilmente cualquier cambio en la rutina. Agrega todos los detalles necesarios para evitar confusiones.

4. ¿Que período de tiempo debe abarcar?

Después de haber usado el horario durante cierto tiempo, observa cuidadosamente el número óptimo de puntos que puede contener la lista y que tu niño puede dominar. Para algunos, el ver de una sentada todas las actividades del dia resulta muy estresante. Si esto es así, escribe solamente la secuencia de eventos que ocurrirán por la mañana. A mediodía comienza un nuevo horario listando cronológicamente las actividades de la tarde.

Por otra parte, hay algunos niños que pueden alterarse si no ven el horario de todo el dia, del principio al fin. Estos niños pueden funcionar mejor si se les muestra el horario completo.

Algunos padres usan un horario en casa solamente para aquellos momentos "complicados" . Por ejemplo, para cierto instante del dia que causa especial estrés o nerviosismo. Esto también puede ayudar los fines de semana, cuando la naturaleza del dia es en si misma menos estructurada, o cuando surge la posibilidad de cambios de último momento.

5. ¿Necesito escribir las horas en el horario?

Incluye la "hora real" si esto ayuda y no perturba a tu hijo cuando las cosas no ocurren exactamente en el momento planificado. También ayuda si muestras la secuencia de los eventos, sin las horas. Un horario es una combinación de actividades, algunas definidas con una hora específica, y otras sin esta. Muchos niños han aprendido el significado de "aproximado" a través del uso constante de un horario con "horas aproximadas". El uso de claves visuales, como colorear un rango de veinte minutos de tiempo en la figura de un reloj, puede ayudar a aclarar el significado de "aproximado".

6. Mantenerlo fácil y claro de leer

La información visual debe ser simple, clara y concisa. *Usa palabras, símbolos o figuras que tu hijo pueda entender sin mayor esfuerzo.* Usa aquello que el pueda reconocer aún en sus "peores días", cuando está mas ansioso. Todo lo que necesita se puede expresar con frases cortas o en una o dos palabras.

Asegúrate que la lista sea visualmente clara, ordenada y con suficiente espacio entre líneas para evitar confusiones entre las actividades.

Dependiendo de la respuesta que tenga tu niño frente al horario, necesitaras subrayar o resaltar las palabras clave atrayendo su atención a la parte más importante de la información.

7. **¿ Cómo puede el horario ayudarlo a ser más flexible ?**

Si se necesitan hacer modificaciones o agregar información después de haber dado el horario al niño, siempre se pueden hacer correcciones "sobre la marcha". Explica el cambio clara y simplemente en un tono de voz casual, mientras tachas o agregas el cambio en el horario.

Recuerda que conviene mostrar simultáneamente la información verbal (hablada) con la información visual (la que está escrita en el horario) para que esta nueva información pueda ser procesada fácilmente.

A medida que el niño se vaya familiarizando con el uso del horario logrará adaptarse a los cambios con más facilidad.

8. **¿ Cómo puede ayudarlo a ser organizado ?**

Asegúrate que tu hijo tenga fácil acceso a un lápiz o a una lapicera para que pueda marcar el horario. Es recomendable que lo tenga conectado a su tabla de horario, ya sea con un cordón o con un velcro. *Enséñale a tildar o tachar cada actividad a medida que la va terminando.* Esto aclara el transcurrir del tiempo y lo mantiene organizado. También promueve la independencia al darle al niño un rol activo en el cumplimiento de su horario.

9. **Tildar y tachar**

Incluír casilleros donde tildar las actividades que se realizan clarifica y define el acto de "chequear el horario". Al ver los casilleros vacíos el niño recordará que hay tareas específicas para hacer, y verá que los casilleros van a ser tildados a medida que el día transcurra. También se puede tildar encima de una pequeña línea en lugar de usar un casillero. A algunos niños les resulta más fácil tachar cada tarea descrita en el horario.

Generalmente, los adultos que usan un "listado de tareas" para organizarse tachan la tarea cuando la terminan. Sin embargo, cuando le enseñamos a un niño a marcar un horario, existe otra opción que podría funcionar mejor: el tildar o tachar la actividad descrita en el horario cuando se comienza a hacerla. De esta forma, una vez que el niño termina la tarea , puede ver en el horario cual es la próxima a realizar. La línea que no está marcada muestra claramente "que es lo que tengo que hacer ahora", y le recuerda además lo que tiene que hacer para comenzar: *el necesita tildar el casillero , y entonces comenzar a hacer lo que dice la citada línea.*

10. ¿ Cómo puede ayudarnos a manejar sus restringidos intereses ?

Algunos niños quieren hablar solamente de un tema o hacer una cosa exclusivamente.

La estructura del horario puede ayudarlos a participar en otras actividades a la vez que racionaliza el tiempo ocupado en su actividad favorita. Les muestra que ellos *pueden* dedicarse a su actividad favorita, y exactamente les dice cuándo, porque estas actividades figuran en el horario una o mas veces durante el día.

Cuando tu hijo insiste en hablar acerca de su tema favorito más allá de un lapso razonable de tiempo o de frecuencia, simplemente refiérete al horario y muéstrale donde está idicado el momento adecuado.

Si el intervalo de tiempo para sus temas favoritos no ha sido escrito en el horario, o su duración o frecuencia es baja, simplemente lo puedes agregar sobre la marcha de la misma forma en que se explicó anteriormente la forma de plantear los cambios de última hora. (Ve a pag. 36)

11. ¿ Cómo puede ayudarnos a neutralizar discusiones ?

Algunos niños y sus padres o maestros han desarrollado una verdadera rutina verbal de *discusión* o de improductivas preguntas y explicaciones. Mas allá de tus bien intencionados deseos de no entrar en ese "juego", te puedes encontrar de todas maneras discutiendo o tratando sin éxito de explicar por qué las cosas tienen que hacerse o no en ese determinado momento.

El horario puede ayudar a cambiar aún los padrones mas firmemente establecidos de discusión, en una forma que no resulta hiriente ni para el niño ni para el adulto. El horario le permite al adulto ser directo sin tener que ser percibido por el niño como portador de una actitud confrontacional. La atención del niño es dirigida al hecho de "el horario dice …" en vez de focalizar en lo que el adulto le está diciendo que haga, o en un patrón familiar de palabras que el adulto generalmente usa. El hecho de que se está presentando la información de una manera visual (y no estrictamente verbal), le facilita al niño lo que puede percibir, procesar, entender y aceptar como nueva información.

Para tratar de romper esta rutina de discusiones, el adulto puede intentar darle al niño su horario junto con un lápiz, de forma tranquila, sin mirarlo a los ojos. Mantén tu atención en el horario. En estas ocasiones, evita hablar o responder verbalmente a las objeciones que tu hijo te haga, compórtate simplemente como asumiendo por cierto que él hará lo que el horario le indica.

Puede suceder que tus explicaciones o amenazas (tan predecibles para tu niño) desaten la discusión y pongan en movimiento la vieja rutina. Usa un tono de voz tranquilo y casual. Mira el horario, dáselo al niño o colócalo en un lugar cerca suyo, y di simplemente, **"el horario dice que.."**

En la mayoría de los niños, el estrés desciende notoriamente si nadie intenta hablarle o darle más explicaciones. Trata de estar tranquilo, muéstrale el horario y quizá convenga que te vayas, dándole al niño un poco de espacio.

En el Capítulo 11 se hacen otras sugerencias para tratar con conductas complicadas.

12. ¿Qué pasa si no le interesa usar el horario?

Puede suceder que los niños más mayores, que aún no han usado un horario, se resistan a hacerlo. También un niño pequeño puede necesitar motivaciones adicionales. Considera las siguientes ideas:

Apela a sus interes favoritos dibujándolos en el borde del horario o agregando una figura de ellos (por ej. la foto de un tren, un mapa del país…) que se relacionen con lo que a él le interesa. Puedes tratar de escribir su horario en algún anotador que se relacione con su interés, o puedes asignar un lápiz o lapicero especial para ser usado exclusivamente para chequear el horario.

Por ejemplo, si está especialmente interesado en las banderas de los demás países, ata la   bandera en miniatura de su país preferido, al extremo del lápiz que usará solamente para chequear el horario.

Otros niños se sienten motivados con el uso de un sistema de puntos. Cada vez que chequee y haga lo que dice su horario, el niño recibe un punto. Cierta cantidad de puntos valen por efectivo, la renta de un video o cualquier otra actividad significativa para tu hijo.

Consigue que el director de la escuela u otra persona importante, especialmente alguien que le agrade al niño, le muestre su agenda o libro de citas. Visita una tienda y déjalo que elija su agenda "oficial".

Puede existir algo en la apariencia del horario que lo haga confuso o con poco atractivo para tu hijo. Trata de hacerlo sencillo. Usa una o dos palabras para definir cada actividad. Deja suficiente espacio entre líneas. Enfatiza la información importante resaltándola o poniéndole color.

13.   Incorporando el horario a la vida diaria

El horario puede servir para muchos propósitos, tanto en el presente como en el futuro de la vida de tu hijo. Usalo diariamente, refiérete a él a menudo, consúltalo cuando hayan preguntas o puntos poco claros, cámbialo para adaptarlo a la particularidad de cada dia, e inclúyelo en la charla diaria para ilustrar lo que estás diciendo.

Recurre al horario cuando surjan dudas sobre las actividades a hacer o sobre el momento para hacerlas. Adapta tu comportamiento o cambia el horario en consonancia. Ayuda a tu hijo, para que él lo perciba como dinámico, válido y confiable. Comprobarás que es un auxiliar muy importante, ahora y en el futuro.

En Carolina del Norte (USA), hemos observado que los adultos con autismo que han logrado conservar sus empleos son aquellos que siguen su horario y utilizan otras estrategias organizacionales. El momento óptimo para enseñar y practicar estas estrategias es la niñez.

14.   ¿Es la meta que el niño haga su propio horario?

No necesariamente. La meta es enseñarle a *seguir* una lista, a ser organizado, y a ser capaz de funcionar con éxito en el medio académico, social y laboral. Los adultos con autismo logran seguir una lista de actividades para hacer, aunque ellos por si mismos son incapaces de crearla debido a dificultades para organizarse. En realidad, la mayoría tiene más éxito cuando siguen la secuencia proporcionada por el maestro o supervisor que cuando siguen su propia idea de como debe hacerse un trabajo. En la página 37 se pueden profundizar estas ideas.

15.   ¿Usar o no usar?

Algunos padres o maestros sienten que no es necesario que el niño tenga un horario porque en la escuela "va con la corriente" o sigue las instrucciones verbales con facilidad. O después de usar el horario durante cierto tiempo, éste es descartado porque parece que el niño ya no lo necesita.

En estos casos, es tentador decidir que el horario, junto con otras estrategias visuales recomendadas en este libro, no son apropiadas para tu hijo. En la escuela, el niño puede responder a directivas verbales y tolerar bien los cambios.

Puede ser capaz de esperar, sin hacer demasiadas preguntas, hasta que llega la hora de dedicarse a su actividad favorita. O puede haber memorizado la rutina diaria de la escuela y saber lo que va a suceder. Puede ser fácil de llevar, no mostrar preocupaciones o no importarle lo que sucederá. Puede sacar buenas notas y obtener logros académicos en determinados temas *"mejor que otros estudiantes"*. Sin embargo, después de la escuela, la historia puede ser muy diferente.

Un escolar de primer año con AAF que era un "estudiante modelo" cambiaba su comportamiento al regresar a casa, lanzando objetos a diestra y siniestra.

Un chico de sexto año con síndrome de Asperger luego de pasar con tranquilidad el día escolar al entrar al auto de sus padres, comenzaba a golpear su cabeza contra las ventanas.

Después de llegar a casa luego de la escuela un chico de cuarto año que asistía a un programa para alumnos superdotados, corría a su cuarto, se sacaba la ropa y se negaba a hablar durante el resto del día.

Un escolar de segundo año, usualmente cortés en la escuela, maldecía e insultaba a su madre cuando llegaba a su casa.

Es muy común que niños con AAF que se conducen bien en el colegio, al llegar al hogar cambian radicalmente su actitud como ilustran los ejemplos anteriores. A una persona sin autismo le es muy difícil imaginar el gran esfuerzo que debe desarrollar un niño con autismo para comportarse con éxito dentro de un entorno escolar exigente y que lo sobreestimula.

Los métodos de enseñanza estructurados, representados en este capítulo por el *horario*, ofrecen predicibilidad, familiaridad y claridad. Esto trae como resultado una disminución en el nivel de ansiedad. Paralelamente con los múltiples usos ya mencionados, la educación estructurada es valorada como una estrategia preventiva de manejo del comportamiento, porque ayuda a los niños a hacer las cosas que necesitan durante el día de una forma mas fácil y causando menos stress.

Seis ejemplos de Horarios

Ejemplo de horario # 1

Esta mañana a primera hora la maestra de Nico escribió el horario para el día. La secuencia y los detalles varían de jornada a jornada. Algunas palabras se escriben en negrita para captar mejor su atención. Nico tilda cada línea, una a la vez, antes de comenzar la actividad descrita en la misma. El coloca su horario su tablilla, sobre su escritorio.

Nótese que la maestra tuvo que hacer un cambio de última hora a las 11:00.

La maestra siempre sigue el mismo procedimiento para la clase de *Ciencia*, presentando primero la información a toda la clase, y continuando con actividades desempeñadas en pequeños grupos. Cuando *Ciencia* aparece en el horario de Nico, ella completa los renglones apropiadamente y entonces el sabe qué va a suceder. En las páginas 178 y 194 a 196 se encuentra más información sobre *trabajos en la escuela y deberes*.

Horario de Nico   Lunes 18 de octubre de 1999

*Todas las horas son aproximadas ←

✓ **Poner** deber sobre escritorio de la Srta. Rodriguez.

✓ **Leer** sentado hasta que suene el timbre, luego escuchar a
       Srta. Rodriguez.

✓ 8:15 Grupo de Matemáticas- Srta. Gómez.

✓ 9: 00 Arte- Sra. García.

✓ 9.45 Ir al baño.

✓ 10:00 Grupo de Lectura- Srta. Rodriguez.

✓ 10:40 Ir a biblioteca- Pedir lista a Sr. Perez.

✓ 11:00 Trabajo independiente-Usa tu oficina y esquema de trabajo.

✓ Espectáculo de títeres- salón 102

✓ 11:30 Almuerzo.

✓ 12:00 Recreo. Si llueve, recreo será en el gimnasio. Si es en el
       gimnasio, consultar **la lista de reglas** y **las Opciones para jugar.**

✓ Ir al baño.

✓ **Area Tranquila.**

____ 1:30 Ciencia: mirar video, luego juego.

____ 2:30 **Trabajo independiente** - Usa tu oficina y esquema de trabajo.

____ Estudios sociales- Escuchar a Srta. Rodriguez.

____ Lista de deberes- Srta. Gómez.

____ Poner lista de deberes y libros en la mochila

____ Leer en silencio hasta hora de salida.

Ejemplo de horario # 2

La maestra de Pedro escribe su horario a mano. Bien temprano, ella le dió su horario de la mañana, y este que presentamos aquí es el horario de la tarde. La secuencia y detalles varían de un día al otro. A Pedro le encantan los trenes. El decoró la tapa de un cuaderno de espiral con pegotines con fotos de trenes en el cual su "horario con trenes" está escrito. El está motivado para usar su horario y marcarlo a medida que el día avanza coloreando "los vagones", una adaptación del horario con casilleros de tildado diseñado por él.

Nótese que la práctica de relajarse (que ocurre enseguida después del almuerzo) es llamada por Pedro como "viaje en tren". Después de la práctica de relajación, él puede elegir entre ir a sentarse solo en un "área tranquila" (en algunas escuelas hay áreas predeterminadas), o unirse a otros estudiantes en la movida sala de juegos. Esta tarde Pedro elige la segunda opción en vez de ir a un "área tranquila".

Información sobre *área tranquilas* se puede encontrar en las págs. 64, 186, 211, 253, 260, 264; *relajación* en las págs. 256, 267; pequeños trampolines en las págs. 255,267.

Horario de Pedro - Tarde   21 set. 1944

☑ Relajación ("Viaje en Tren") con Maestra García

☑ Elegir: Area Tranquila o Juegos

☑ Estudios Sociales

☑ Trabajo tranquilo en Oficina

☑ Mini trampolín   saltar por 5 minutos

☑ Trabajo- acomodar libros en Centro de Lectura

☑ Lista de deberes con Maestra García

☐ Poner lista de deberes y libros en mochila

☐ Revista de trenes en escritorio

☐ Timbre: formar fila para salir

Ejemplo de horario # 3

A veces Silvia se siente muy estresada después de la escuela. Su mamá le escribió su horario planteándole tareas solitarias y poco exigentes: estar un rato a solas, tomar un refrigerio y alimentar los peces.

Silvia ama a los peces. Ella se siente motivada por los pequeños peces que su madre le dibuja en el horario. Hay un punto a la izquierda de cada línea. Esto muestra a Silvia donde poner la lapicera para comenzar a tachar la. El pez indica el fin de la línea. De esta forma, Silvia se siente motivada para realizar las actividades previstas y tacharlas de su horario a medida que las vaya cumpliendo.

Se puede encontrar más información sobre *deberes* en la página 183, *calendario* en pág. 96 y *listados* en págs. 172 y 173.

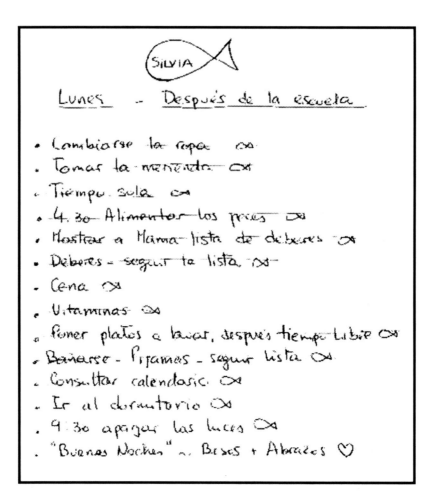

Ejemplo de Horario # 4

La mamá de Adam escribe su horario en ambos lados de una tarjeta para ayudarlo a prepararse cuando se presenta un dia diferente y particularmente ocupado con su familia.

Adam empacó sus artículos de natación el solito, chequeando el punto 3 de la lista. Puede ver que dispondrá de tiempo para sus actividades favoritas *(jugar al Nintendo o Legos)* luego de levantarse y empacar, y antes de salir para la casa de su tío Juan.

Cuando la familia llega a la casa del tío Juan, se encuentran con que él no llevará el bote inflable porque tiene un agujero. El tío Juan sugiere en cambio, hacer un castillo de arena. Adam mira a su madre mientras escribe el cambio en el horario.

Puede ver lo que sucederá cuando la salida termine: MacDonald's, hogar, baño y cama.

3 de Julio, 1999
HORARIO DE ADAM

1. Desayuno
2. Ponerse shorts
3. Empacar: Traje de baño
             Toalla
             Lentes de agua
             Legos
4. Tiempo Libre : Nintendo o Legos
5. 10:30 Casa de Tío Juan

6. Viaje al lago
7. Picnic y Almuerzo
8. Pescar y Legos
9. Nadar y ~~bote~~ con Tío Juan.
              → hacer castillo de arena
10. Mc Donalds
11. Casa
12. Baño
13. Cama

Ejemplo de horario #5

La guía del campamento de verano al cual asiste Mariana utiliza siempre el mismo formato de horario, con los detalles ajustados al diario acontecer. Cristina, la guía, completa los detalles en el horario de Mariana antes de encontrarse con ella, al comienzo de la jornada. Mariana se siente menos ansiosa cuando sabe lo que va a pasar en el campamento.

Mariana coloca una "x" en el casillero correspondiente a medida que el día transcurre. Las palabras importantes han sido escritas en negrita. Otras palabras pueden resaltarse con un marcador si es necesario. Nótese que a la 1:00, el tema de qué hacer si llueve ha sido explicado con mucha claridad.

Existen ocasiones en las que Mariana debe hacer una opción. Las opciones han sido indicadas claramente en el horario para calmar su ansiedad. Cristina y Mariana se reúnen rutinariamente al principio del día, miran el horario juntas y encierran en un círculo la opción que Mariana decide tomar. Se puede encontrar información sobre *tiempo libre* y *reglas* en las páginas 179 a 182.

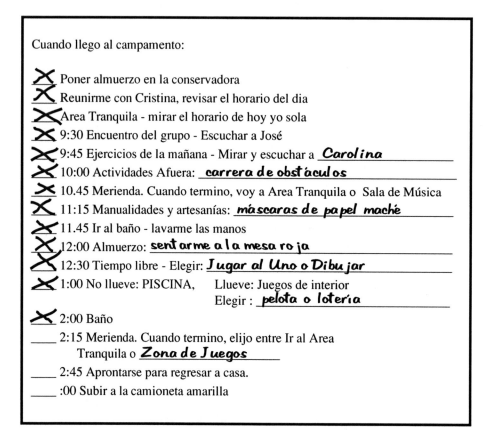

Cuando llego al campamento:

X Poner almuerzo en la conservadora
X Reunirme con Cristina, revisar el horario del dia
X Area Tranquila - mirar el horario de hoy yo sola
X 9:30 Encuentro del grupo - Escuchar a José
X 9:45 Ejercicios de la mañana - Mirar y escuchar a *Carolina* _____
X 10:00 Actividades Afuera: *carrera de obstáculos* _____
X 10.45 Merienda. Cuando termino, voy a Area Tranquila o Sala de Música
X 11:15 Manualidades y artesanías: *máscaras de papel maché* _____
X 11.45 Ir al baño - lavarme las manos
X 12:00 Almuerzo: *sentarme a la mesa roja* _____
X 12:30 Tiempo libre - Elegir: *Jugar al Uno o Dibujar* _____
X 1:00 No llueve: PISCINA,   Llueve: Juegos de interior
       Elegir : *pelota o lotería* _____
X 2:00 Baño
____ 2:15 Merienda. Cuando termino, elijo entre Ir al Area
       Tranquila o *Zona de Juegos* _____
____ 2:45 Aprontarse para regresar a casa.
____ :00 Subir a la camioneta amarilla

Ejemplo de Horario # 6

El papá de Mateo escribió esta tarde un horario para ayudarlo a combatir el estrés y la ansiedad que le causa el hecho de salir de la escuela más temprano para ir al doctor. Además de la visita al médico, el papá de Mateo planeó visitar a un amigo en el camino de regreso a la casa.

Mateo puede ver que van a ir a su tienda favorita luego de la cita con el doctor. Mateo sabe lo que puede hacer en el consultorio, y en la casa del amigo (Sr. Fernández).

MATEO   4 de Noviembre

1. PAPÁ - RECOGE A MATEO 14.30 HRS
2. IR A CONSULTORIO DE DR GIMENEZ
3. SALA DE ESPERA - LEER LIBROS
4. DR. GIMENEZ - CONTESTAR PREGUNTAS
5. TIENDA DE JUGUETES. ELEGIR 1 NUEVO
6. CASA DE SR. FERNANDEZ.
       JUGAR TU MESA DE LA COCINA O PATIO
7. CASA

Capítulo 3: La Experiencia Sensorial

Libro de trabajo

Dibujo de Thomas Johnson, 1992 y 1997
3 y 6 años de edad

Los Cinco Sentidos

Existen cinco sentidos. Estos son:

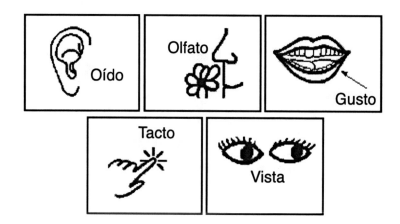

Todos experimentamos el mundo a través de los sentidos. Muchos niños con autismo experimentan sus sentidos de manera diferente a los niños que no tienen autismo.

Algunas veces lo que percibo a través de mis sentidos me resulta agradable. Otras veces lo que percibo a través de mis sentidos me resulta desagradable. Algunas veces lo que experimento a través de mis sentidos me molesta, o me confunde. Otras veces es como que no siento nada.

En este capítulo, voy a leer, marcar y escribir lo que se ajusta a mí y a mis sentidos.

La Experiencia Sensorial

Oír Ruidos Altos O Súbitos

Oír es darnos cuenta de los sonidos que hay en el mundo. Más abajo hay una lista con algunos sonidos altos o súbitos que todos escuchan. A la mayoría de los niños no les molestan estos ruidos, pero a algunos niños con autismo no les gustan.

Yo voy a encerrar en un círculo o resaltar los ruidos que me molestan

- Aspiradora
- El teléfono sonando
- El intercomunicador en la escuela
- La cortadora de césped
- Gente hablando al mismo tiempo
- Bebés llorando
- Bocinas y sirenas
- Motores o máquinas arrancando
- Gente tosiendo, riendo o gritando
- Otros: _____

Hay muchos sonidos en casa, en la escuela y en otras partes que lastiman mis oídos. *Si oigo estos sonidos, yo me puedo poner ansioso.* Algunos niños con autismo se asustan o se enojan cuando están ansiosos. Pueden gritar o llorar. Pueden cubrirse los oídos y correr alejándose del ruido. **Algunas veces los ruidos altos o súbitos me hacen _____**

_____

La Experiencia Sensorial

Oir Ruidos Que Otros No Perciben

Hay algunos sonidos que yo escucho pero que los demás parecen no oír o que no les prestan atención. Algunas personas los llaman los *"sonidos silenciosos"*, pero a mí no me parecen tan silenciosos. Son sonidos como los que hacen:

- Pájaros e insectos
- Luces fluorescentes, ventiladores, refrigeradores, computadoras
- Aviones o motores a lo lejos
- Radio o televisión encendidas en otra habitación
- Gente hablando o trabajando en otra habitación
- Gente respirando o pasando las hojas de un libro cerca de mí

La mayoría de los niños no presta atención a esta clase de sonidos porque les parecen silenciosos. Pero los niños con autismo muy seguramente prestan atención a esta clase de sonidos. *Algunos de estos sonidos me molestan.* En ocasiones, estos sonidos pueden lastimar mis oídos o ponerme nervioso.

Algunos de estos **sonidos silenciosos** que me molestan son:

_____

_____

_____

Tacto

El tacto es lo que yo siento cuando hay cosas sobre mi piel. Algunas veces el tacto me gusta y otras me molesta o lastima mi piel. Algunas veces me gustan los abrazos, pero otras veces me hacen sentir incómodo. A muchos niños con autismo les molesta que les toquen. A otros, les puede gustar el contacto con determinadas cosas.

Yo voy a tachar lo que **no me gusta**, y voy a encerrar en un círculo lo que **me gusta**. Algunas cosas pueden ser tanto tachadas como metidas dentro del círculo.

- camisas y mangas
- costuras o etiquetas
- cierres o cinturones
- medias, costuras en las medias
- pantalones largos y cortos
- ropa interior
- vestidos, polleras
- sombreros, gorras, viseras
- bufandas, capuchas
- seda, algodón, franela, denim
- terciopelo, lana, rayón, poliéster
- collares y otras joyas
- que me besen
- darme una ducha
- darme un baño

- nadar
- peinar mi cabello
- enjabonar mi cabello
- cortarme el cabello
- gente que me abraza
- gente que se tropieza conmigo
- que me toquen en el hombro
- caricias suaves
- que me hagan cosquillas
- caricias profundas, masajes
- que me tomen de la mano
- doctores o enfermeras que me tocan
- que me toquen inesperadamente
- otros:_____

Olfato

El **olfato** es el sentido que le permite a las personas sentir el mundo a través de su nariz. Todas las cosas del mundo tienen olor.

A veces, los niños sienten olores fuertes como el de las flores, o el aire luego de la lluvia, o una vela perfumada, o el pan recién horneado. Ellos dicen que estas cosas huelen bien. A veces, sienten olores fuertes como el de un pañal sucio o el de una comida podrida. Ellos dicen que estas cosas huelen mal. *Generalmente, a los niños no les interesa como huelen las cosas.*

Muchos niños con autismo sí prestan atención al olor de las cosas. Si a mí no me gusta como huele algo, me resulta difícil concentrarme en otra cosa.

Yo voy a encerrar en un círculo o resaltar lo que se ajusta a mí.

- Algunas veces un olor particular puede llamar mi atención
- Yo siento como huelen muchas cosas
- A menudo recojo cosas para olerlas
- Me gusta oler el cabello o la piel de las personas
- Otros : _____

Me gusta el olor de estas cosas: _____

_____ .

No me gusta el olor de estas cosas: _____

_____ .

Vista

Ver es lo que se hace con los ojos. Muchos niños con autismo ven cosas que otras personas no se dan cuenta. A algunos niños con autismo *realmente les gusta* ver o mirar ciertas cosas.

Yo voy a encerrar en un círculo o resaltar lo que se ajusta a mí.

A mí me gusta:

- Mirar cosas que giran (como un ventilador de techo)
- Mirar cosas que están apiladas o alineadas
- Mirar cosas que se dan vuelta (como las páginas de un libro)
- Mirar las cosas por el rabillo del ojo
- Poner mis dedos y mis manos en diferentes posiciones
- Mirar fijamente algo que me gusta, durante largo tiempo
- Mirar cosas que tienen determinada forma o color
- Mirar cosas que brillan
- Otros : _____

Algunos niños con autismo pueden sentirse confundidos o ansiosos cuando hay *demasiadas cosas* para ver al mismo tiempo.

Estos son algunos lugares en mi vida donde hay demasiadas cosas para ver al mismo tiempo:_____
_____ _____
_____ _____ .

Gusto

El gusto es lo que siento cuando como o bebo algo. Todos tenemos comidas preferidas y comidas que no nos gustan.

Además del gusto, algunos niños con autismo tienen en cuenta el color o la textura de la comida. Algunos niños con autismo prefieren beber algo en lugar de comer. A algunos niños con autismo les gusta probar cosas que no son comida. Pueden ponerse en la boca juguetes, papel u otras cosas. A algunos niños les gusta comer *la misma comida* todos los días.

Yo voy a marcar lo que me importa de la comida.

- La textura de la comida, como la siento en mi boca
- El sabor de la comida, cual es su gusto
- El color de la comida
- Me gusta comer lo mismo todos los días
- Me gusta probar distintas comidas*, sentir diferentes gustos
- Otros: _____

* Cuando mis padres me dicen *"Pruébalo solamente"* o *"Dale una mordida"* significa que tengo que **meterme en la boca solo un poquito, masticarlo y tragarlo**. Después de tragarlo, si no quiero más, no tengo que seguir comiendo.

Dolor

Dolor es lo que sienten las personas cuando se lastiman. La mayoría de las personas sienten dolor cuando están heridos. Algunas veces, también sienten dolor cuando están enfermos. La mayoría de los niños, cuando sienten dolor dejan de hacer lo que estan haciendo y buscan ayuda. Pero algunos niños con autismo **pueden no sentir** que están enfermos o lastimados. Ellos no se dan cuenta que necesitan ayuda. Ellos están **tan concentrados** en lo que están haciendo que no se dan cuenta que están lastimados. Otros niños con autismo sienten el dolor **muy intensamente**. Pequeñas heridas pueden dolerles mucho. **Estos son algunos ejemplos de cosas que pueden causar dolor:**

- Tocar una hornalla caliente de la cocina
- Caerse
- Que se caiga algo pesado sobre mi pie
- Comer comida que está muy caliente
- Atraparse los dedos con la puerta
- Cortarse y sangrar
- Agua muy fría o muy caliente
- Dolor de garganta o fiebre
- Dolor de cabeza o estómago
- Tener las manos desnudas en el frío

Yo voy a encerrar en un círculo o resaltar lo que se ajusta a mí.

- Pocas veces siento dolor. Puedo estar herido y no darme cuenta
- Soy muy sensible al dolor. Muchas cosas me lastiman demasiado

Movimiento

Todos nos movemos. Muchos niños con autismo mueven su cuerpo de manera especial. **Yo voy a marcar los movimientos que hago a veces.**

- Aleteo con mis manos
- Salto arriba y abajo
- Me balanceo hacia adelante y hacia atrás
- Giro sobre mí mismo
- Camino hacia adelante y hacia atrás
- Muevo mis dedos o los pongo en diferentes posiciones
- Tamborileo con mis dedos
- Otros: _____

Los niños que no tienen autismo también pueden moverse de estas maneras, peo no lo hacen tan seguido como yo. *Existen razones para estos movimientos.* Yo me muevo así cuando:

- Estoy excitado y me siento feliz
- Estoy excitado porque me siento ansioso o confundido
- Estoy aburrido. No tengo nada más para hacer.
- Estoy ansioso. El moverme me ayuda a relajarme y sentirme mejor.
- Yo lo estoy haciendo por hábito. Lo he estado haciendo desde hace mucho tiempo.
- Otros: _____

Tiempo y lugar para moverse

La mayoría de los niños de mi edad no se mueven como yo. Ellos no mueven sus manos, ni giran, ni se dan vueltas a menudo. Mis **movimientos** pueden molestar a mis maestros y a mis padres. Les pueden molestar porque me hace ver diferente a los demás niños, y se preocupan porque ellos se pueden reír de mí.

- Haré un esfuerzo para recordar que estos movimientos se pueden hacer cuando estoy **solo en una habitación**. Quizá pueda esperar a llegar a casa para mover mi cuerpo de estas maneras.

Si siento que quiero hacer estas cosas más a menudo, mis padres o mi maestra o mi terapista pueden ayudarme a saber cuando y donde hacerlo:

- Ellos pueden darme **tiempo** para hamacarme o para usar otros equipos de terapia
- Pueden enseñarme **otras formas de mover** mi cuerpo que también me puedan gustar. Potr ejemplo, me puedo mecer en un sillón hamaca.
- Me pueden dar un tiempo determinado para hacer este y otros **ejercicios** (ver Capítulo 11).

Cuando los demás niños y adultos conocen más sobre el autismo, ya no les molesta tanto ver como me muevo. *Si ellos tuvieran autismo, probablemente se moverían como yo.*

Para Padres y Maestros

"… todo lo que entraba a través de los sentidos parecía no pasar por un filtro. El más pequeño detalle de algo está allí, me guste o no. Continuamente está entrando información. Puedo ver hasta los más ínfimos movimientos por el rabillo del ojo, veo los detalles más íntimos de cosas que apenas estoy mirando, , escucho toda clase de sonidos al mismo tiempo, siento el roce de mis ropas…

Hasta donde yo sé, la gente comunmente no presta atención a estas cosas…como que no alcanzan su consciente. Pero estos filtros no funcionan para mí. Me entran cantidad de datos, me guste o no.

Ustedes han visto como actúan los malabaristas en los circos, girando un montón de platos al mismo tiempo, hasta llegar al máximo número sin caerse. Compaginar todo en la vida, no solamente los aspectos sensoriales, es como tener girando un montón de platos. Y cuando las sensaciones llegan sin filtros, es como si existieran más platos para poner a girar.

Yo me he dado cuenta de que cuando estoy estresado, seguramente tendré problemas con aquellas sensaciones que de ordinario no me molestaban, como un ruido súbito al que generalmente no respondo. Si estoy muy estresado, me estremezco o me agacho. O un simple toque que no me molesta en situaciones comunes, ahora lo rechazo.

Por todo esto, mis respuestas a las sensaciones no son siempre constantes, ni se dan de la misma manera. Es simplemente que hay mucha información, y que algunas veces puedo aceptarle, y otras no."

— Dave Spicer, durante una discusión
sobre respuentas sensoriales

Ideas en Este Capítulo

- El área tranquila
- Reducir la estimulación visual
- Manejar la estimulación auditiva
- Controlar la estimulación táctil
- Olores
- La necesidad de estimulación oral
- Comer
- Preferencias visuales
- Movimientos de expresión sensorial
- Evaluación sensorial integradora

El área tranquila

Dale a tu niño un tiempo y un lugar en el cual descansar, relajarse, y recuperarse de la sobrecarga de estímulos. Designa una habitación, o un área especial en ésta, para que descanse de las idas y venidas diarias. Refiérete a ella como el área tranquila. Respeta esta área tranquila como si fuera un santuario para tu hijo, y programa un número adecuado de veces en el día para que recurra a ella. Enséñale a ir a esa área antes de que se sienta saturado por los estímulos.

Fuera de la casa, un lugar especial en el patio, o una casa de juguete o una casa en el árbol pueden llamar la atención del niño. Una familia creó un area tranquila para su hijo utilizando uan carromato, aparcado en el fondo de la casa. John Engle, un adulto con autismo, explicaba en cierta ocasión que cuando era niño, solía subir a los árboles y al crecer, solía sentarse arriba de los techos. El explicaba las razones, diciendo que se dio cuenta ya de pequeño, que la gente por regla general no mira para arriba. Por esta razón, veía de esta forma garantizada su tranquilidad.

Reducir la estimulación visual

Muchos adultos con autismo han dicho que la noche es su hora preferida. La paz y la tranquilidad, la reducida estimulación visual, y el hecho de que la mayoría de las personas están durmiendo, contribuyen a crear un momento tranquilizador para leer, trabajar, caminar o estar sentado. Maria White, un adulto con autismo, ha dicho que se siente más "alerta y con energías" por la noche. Un cuarto semioscuro o uno con luz tenue pueden ayudar a prevenir o reponerse de la sobreestimulación. Un lugar despejado o con pocos objetos puede ser más relajante par un niño pequeño que otro atestado de cosas. También puede ayudar el usar lentes de sol.

Manejar la estimulación auditiva

Respeta las respuestas auditivas de tu hijo y déjalo experimentar usando auriculares o tapones para los oídos si es necesario. Las alfombras y moquettes en los pisos ayudan a amortiguar los ruidos. Prepara a tu hijo para ciertos ruidos que son predecibles. Por ejemplo, dile por anticipado cuando se va a aserrar o cortar el pasto. En la escuela, pídele al director que le avise con anticipación cuando haya un simulacro de incendio. Escuchar una música que le guste, o libros hablados, pueden contribuír a tranquilizarlo y distraerlo de otros sonidos menos atrayentes.

Controlar la estimulación táctil

Permítele que elija su ropa para prevenir incomodidad, distracciones o estrés. Muchos adultos con autismo sostienen que prefieren comprar dos o tres ropas del mismo modelo y talle. De esta manera, no existe tanta variación en los cambios de vestido, y disminuye la cantidad de ropa entre la cual elegir cuando comienza la jornada.

Experimenta con diferentes caricias e identifica la que lo calma, tranquiliza o reconforta. Marca un tiempo para el masaje profundo, si lo tolera. Una mujer con autismo señalaba que aunque no le gustaba recibir un masaje terapéutico, sí le gustaba darlo ella. El movimiento repetitivo y la presión firme sobre las palmas de sus manos contribuían a relajarla y tranquilizarla. Una mascota, como perro, gato o conejillo de indias pueden resultar perfectos para tu hijo, aunque la decisión de darle una mascota al niño debe ser sopesada cuidadosamente; las mascotas no son apropiadas par todos los niños (y tampoco todos los niños son apropiados para tener una).

Olores

Muchos niños son especialmente sensibles a olores que no son catalogados como típicamente ofensivos, como el desodorante, perfume y crema de manos. Algunas esencias pueden hacer que el niño se sienta incómodo, distraído o alterado. Algunos niños se tornan muy activos e "hiperactivos" al oler ciertos aromas. Descubre cuales olores pueden molestar a tu hijo. No obstante, pueden existir olores que le resulten especiamente tranquilizadores. Algunas familias quizá recurran a la práctica de la aromaterapia (el uso terapéutico de las esencias).

La necesidad de estimulación oral

Permite que el niño masque goma de mascar en la escuela, esto le proporciona la estimulación oral que necesita. Esto resulta más efectivo que enfrascarse en una lucha sin sentido (y que perderás) para impedirle que masque las mangas de su camisa o su cuello.

Comer

Tu hijo, como tantos otros niños con autismo, puede ser muy exigente a la hora de comer. Hay algunos niños que quieren comer solamente alimentes crocantes, o blandos, o de cierto color, o de cierta marca. Parece existir cierta particular sensibilidad a la textura del alimento. John Engle ha dicho que si fuera por él, comería la misma cosa todos los días durante un largo lapso de tiempo, especialmente si se siente estresado. El explica que:

> *"hay tanta estimulación sensorial en la vida diaria que no se puede evitar, comer la misma cosa en todas mis comidas es para mí una forma de controlar todos los estímulos que me desbordan y que debo manejar".*

John explica que cuando está relajado y no está ansioso, le resulta más fácil disfrutar de comidas diferentes.

Tu hijo puede ser uno de los que comen de todo, en cuyo caso no tienes ningún problema. O puedes luchar todos los días con él para que coma. Trata de introducir sólo una comida nueva por vez, en lugar de darle varias comidas distintas. Intenta con un sólo plato nuevo en cada ocasión, y prepáraselo con constancia durante cierto tiempo. A medida que se familiarice con esta comida, quizá desee probarla y eventualmente llegue a gustarle. Trata de dársela a diferentes horas, para que no se acostumbre a rechazarla cada vez que se sienta a la mesa a comer.

Algunos padres y maestros han tenido éxito en expandir la limitada dieta de su hijo, usando la rutina del *esquema de trabajo (Capítulo 9)*. Una vez que el niño se ha acostumbrado a este sistema, puedes utilizar el principio que lo sustenta para enseñarle a "dar una mordida" o"tomar una cucharada", mostrándole una secuencia de alimentos sobre la mesa. Coloca pequeñas porciones, cada una en su platillo o cuchara, alineadas una al lado de la otra, de izquierda a derecha. Alterna la nueva comida con la preferida de tu hijo. De esta manera, él sabrá a qué atenerse, porque *pueder ver* exactamente *cuanto* de la nueva comida debe comer, *cuando* la termina y *que comida viene* luego. Comienza con un pequeño bocado del nuevo alimento, seguido de su alimento preferido. Cuando se acostumbre a esto, amplía la secuencia. Si tu hijo está acostumbrado a seguir un sistema de trabajo en la casa o en la escuela, podrá seguramente adoptarlo para el momento de la comida. Esta rutina puede ayudarlo a sustituír las rutinas previas de alimentación.
Hay mas información sobre este tema y las dietas en el Capítulo 11.

Preferencias Visuales

Introduce y enseña actividades y pasatiempos que sean atrayentes a las necesidades sensoriales tan irresistibles que tiene tu hijo, o a sus preferencias visuales como girar, aletear, o alinear cosas. Los pasatiempos que satisfacen las necesidades visuales y sensoriales pueden reducir los comportamientos repetitivos no adecuados, así como aumentar su capacidad de juego. Como ejemplos están los trompos, el dominó, las cartas. Estos juegos fomentan el poner orden en un grupo y el alinear objetos. También puede servir insertar cuentas para hacer collares, hacer crochet, hacer tapetes y otras manualidades.

Movimientos de expresión sensorial

Presenta a tu hijo actividades que sean socialmente aceptadas y que le causen sensaciones similares a las que el busca al moverse de esa manera tan particular (como se mencionó en las páginas del libro de trabajo). Sentarse en una mecedora o saltar en un mini trampolín son ejemplos de "movimientos sustitutos". Según las preferencias de tu hijo y sus necesidades, incluye un tiempo para correr, girar, saltar en el trampolín y otras. Puedes incluír estas actividades en su horario.

En el Capítulo 11, páginas 255 y 267, puedes encontrar sugerencias adicionales sobre el tema actividades físicas y ejercicios.

Evaluación sensorial integradora

Considera asimismo la consulta y evaluación con un terapista motriz, experimentado en terapias sensoriales integradoras. El puede darte ideas específicas y adecuadas a las necesidades de tu hijo.

Capitulo 4: Talento Artístico

Libro de trabajo

Dibujo de Maria White, 1999
21 años

Dibujar y Pintar

Dibujar y pintar son talentos que mucha gente admira. Los dibujos y las pinturas agregan belleza y dan alegría a la vida.

Muchos niños con autismo son muy hábiles pintando y dibujando. *Quizá sean buenos artistas porque ven los detalles y recuerdan lo que ven.* Quizá son pensadores visuales que automáticamente ven imágenes en sus mentes. Quizá es más natural para ellos expresarse a través de un dibujo que hablando.

Yo voy a encerrar en un círculo o resaltar lo que se ajusta a mí.

- No me gusta pintar ni dibujar ni hacer nada de arte. Si esto es cierto, entonces aquí termina mi página.
- Me gusta **dibujar** o **pintar**. (encierra en un círculo)
- Me gusta dibujar en la computadora
- Me gusta _____
- Está bien que la gente mire mis trabajos
- No me gusta que la gente mire mis trabajos
- Me gustaría tomar clases de arte
- Me gustaría aprender cómo _____
- Me gusta **mirar** los tarbajos de otros artistas. Mis artistas preferidos son _____

Talento Artístico

Música

A la mayoría de la gente le gusta escuchar **música**. Algunas personas pueden expresarse mejor cuando hacen música que cuando utilizan las palabras.

A la mayoría de los niños con autismo les gusta escuchar música. Algunos de ellos entonan muy bien y tienen una habilidad natural para cantar o tocar un instrumento musical.

Quizá los niños con autismo que tienen gran talento musical tengan también el oído muy sensible.

Yo voy a encerrar en un círculo o resaltar lo que se ajusta a mí.

- No me gusta cantar ni tocar ningún instrumento. Si marco esta opción, entonces no continúo leyendo esta página.
- Me gusta cantar
- Me gusta tocar un instrumento musical (o muchos instrumentos)
  Yo toco el _____
- Me gusta hacer música o cantar cuando estoy solo
- Me gusta tocar solo, pero no me molesta que otros me escuchen
- Me gustaría tocar o cantar con otras personas en un coro, en una banda o en una orquesta (marca cual)
- Me gustaría tomar lecciones de música o de canto
- Me gustaría aprender _____
- Yo disfruto escuchando música. Me gusta (tipos de música) _____
  _____ .

Talento Artístico

Escribir

El arte de escribir incluye hacer cuentos, ensayos, poesía y cartas. Escribir ayuda a los escritores y a la gente que los lee a pensar con más claridad, a apreciar la belleza del mundo, a reír, llorar, soñar e imaginar cosas.

Algunos niños con autismo de alto funcionamiento o Síndrome de Asperger disfrutan de las palabras y tienen un vocabulario más extenso que la mayoría de los niños de su edad. Algunos niños con autismo de alto funcionamiento o Síndrome de Asperger son escritores talentosos.

Yo voy a encerrar en un círculo o resaltar lo que se ajusta a mí.

- No me gusta escribir. Si marco esta oración, entonces no tengo que seguir leyendo esta página
- Me gusta escribir. Me gusta escribir poesía, ensayos, cuentos, cartas o emails en la computadora
- Prefiero guardarme lo que escribo para mí solo. No me gusta que otros lean lo que he escrito
- Me gusta que los demás lean lo que he escrito
- Me gusta leer en voz alta y que los demás me escuchen
- Me gustaría escribir sobre _____
- Me gusta leer sobre _____
- Otros: _____

Actuación

La actuación es una forma de hacer arte que a mucha gente le gusta. Les gusta ir al cine, al teatro y a ver obras musicales.

Los actores fingen que son otras personas. A algunos niños con autismo de alto funcionamiento o Síndrome de Asperger les gusta actuar. Ellos pueden tener mucha habilidad observando y copiando la manera como se mueve la gente y como habla. A ellos les gusta fingir que son otros personajes.

Yo voy a encerrar en un círculo o resaltar lo que se ajusta a mí.

- No me interesa la actuación. Si marco esta oración, entonces no tengo que seguir leyendo esta página
- Yo trato de imitar la forma que tiene la gente de moverse y hablar
- Me gusta fingir que soy alguien más
- Es divertido aprender de memoria lo que tengo que decir
- Me gusta aprender diferentes formas de actuación
- Me gusta bailar
- Me gustaría aprender más sobre _____
- Yo disfruto viendo obras de teatro, musicales y o ballet. Mis favoritas son:
  _____

Talento Artístico

Mecánica

A veces la gente piensa que la mecánica no es una forma de arte, pero muchas personas que son **hábiles con la mecánica** resultan en efecto muy creativos y talentosos

Muchos niños que tienen autismo son muy hábiles con las cosas mecánicas. Estos niños se dan cuenta de la manera como unas piezas encajan con otras, y les gusta desarmar cosas, ensamblarlas y construír otras nuevas. A ellos les gusta descubrir cómo funciona un objeto.

Yo voy a encerrar en un círculo o resaltar lo que se ajusta a mí.

- Me gusta desarmar cosas
- Me gusta encajar una pieza en otra
- Me gusta descubrir como funciona algo
- Me gusta edificar y construír cosas
- Me gusta diseñar y planear cosas
- No me interesan las cosas mecánicas

Me gustaría saber más sobre: (encierra en un círculo)

Autos	Trenes	Sistemas de calefacción
Carpintería	Construcción	Sistemas de cañerías
Sistemas eléctricos	Aparatos eléctricos	Computadoras

Otros: _____

Talento Artístico

Computadoras

Trabajar con una **computadora** no es considerado generalmente como un talento artístico, aunque mucha gente que es buena con las computadoras resulta ser muy creativa y talentosa.

Muchos niños con autismo son muy hábiles con la computadora. *Las computadoras son predecibles, concretas y literales. Una computadora sigue siempre las mismas reglas.* Usar una computadora puede resultar muy fácil y natural para un niño con autismo. Hay muchas formas de divertirse usando la computadora.

Yo voy a encerrar en un círculo o resaltar lo que se ajusta a mí.

- Las computadoras no me interesan demasiado. Si marco esta opción, entonces no tengo que seguir leyendo esta página
- Me gustan los juegos de la computadora
- Me gusta usar la computadora para escribir
- Me gusta usar la computadora para mandar y recibir correos
- Me gusta visitar sitios de Internet
- Me gusta dibujar y diseñar gráficos en la computadora
- Me gusta programar computadoras (Programar es usar el lenguaje de la computadora para que haga cosas)
- Me gustaría aprender como: _____
- Otros: _____

Para Padres y Maestros

Dave Spicer, nombrado en reiteradas ocasiones en este libro, es un talentoso poeta y ensayista. Sin embargo, durante su niñez su talento pasó desapercibido y nadie se dió cuenta de él. Dave recuerda que aunque sus pruebas vocacionales en el Secundario mostraban mejores notas en el área verbal, se le encaminó hacia el estudio de la ingeniería. Solamente se dió cuenta de su propia creatividad más tarde, cuando un poema súbitamente "le salió de adentro".

Le he pedido a Dave que pensara en las preguntas citadas a continuación, y que me diera su opinión. Le agradezco muchísimo que se haya tomado la molestia de pensar en ellas y de escribir esta sección para los padres y maestros.

Ideas en este capítulo

- ¿Por qué crees que es importante la expresión artística?
- ¿De qué maneras pueden los padres fomentar el talento artístico de su hijo?
- ¿Tienes otra opinión sobre las expresiones artísticas y las personas con autismo?
- ¿Cuál ha sido tu experiencia al desarrollar tu talento artístico?

¿Por qué crees que la expresión artística es importante?

Expresarse artísticamente puede ayudar a una persona con autismo en varios sentidos:

Puede resultar físicamente agradable, debido a la faceta motriz o sensorial de la actividad. Esto implica, por ejemplo, el oler o sentir la textura de determinados materiales, sus colores, los sonidos ocasionados etcétera.

Puede resultar intelectualmente agradable, dado que los ritmos, la armonía y las formas externas pueden proporcionar una importante sensación de orden y equilibrio a los pensamientos.

Puede ser una vía para canalizar los sentimientos, para expresarlos al resto del mundo, incluso hasta de dominarlos para que la experiencia de su comunicación no sea tan abrumadora.

Puede ser un medio de comunicación. La actividad artística puede funcionar como puente entre el mundo exterior y el interior del sujeto. Algunas personas con autismo no se dan cuenta de que esto es posible, y ni siquiera esperan ser comprendidas. Otras creen que cualquiera puede leer sus sentimientos automáticamente, y por ende no comprenden que deben comunicarlos explícitamente a los demás. Usar el arte como medio para practicar la comunicación con los demás ayuda a situarse en el medio de estos extremos.

Puede servir para interactuar con la sociedad y colaborar con ella. Agregan al resto de la sociedad, a los "típicos", el punto de vista de las personas con autismo, contribuyendo a la diversidad de una sociedad.

¿De qué maneras pueden los padres fomentar el talento artístico de su hijo?

Comienza por reconocer lo que tienes delante. Se ha dicho que "la vida es un lienzo en blanco, que se va dibujando día a día". Con esto presente, los ejemplos de expresiones creativas surgen por doquier. El interés especial de tu hijo puede servir para utilizar su talento artístico. ¿De cuántas maneras diferentes puede representarse el objeto de su interés? ¿Cuántas situaciones distintas se pueden plantear en torno a ese objeto? ¿Pueden hacerse historias o canciones con él? ¿se pueden hacer "documentales" o publicidad?

¿Tienes otra opinión sobre las expresiones artísticas y las personas con autismo?

Es difícil cuantificar la cantidad de placer que una persona con autismo experimenta al desempeñarse en una actividad, ni siquiera se consigue evaluando sus actitudes o comportamiento. Se puede confundir una intensa concentración con una desapasionada indiferencia. La persona puede contener sus sentimientos más íntimos de placer, en pos de no sentirse abrumada por ellos. A causa de esto, se puede emplear una cantidad considerable de tiempo para reconocer cuáles son los intereses y las cosas con las que el niño disfruta. Dada una determinada cantidad de opciones, puede pasar cierto tiempo hasta que el niño se decida por una de ellas. Por el contrario, puede abandonar de improviso y sin explicación una actividad a la cual dedicó largo tiempo.

Por más que un padre desee conocer las causas de este abandono, el niño puede ser incapaz de comunicarse o explicar sus razones.

El área de la expresión artística no parece ser totalmente racional, lo que puede causar gran desconcierto entre aquellos que le buscan explicaciones lógicas a las cosas. Dibujos, poemas, canciones y similares pueden parecer que surgan de la "nada", sin razón aparente. Esto puede ser desestabilizador para la persona creadora, y causarle simultáneamente aprensión y gozo.

¿Cuál ha sido tu experiencia al desarrollar tu talento artístico?

Mi expresión creativa se manifiesta como una energía reprimida que busca un camino. Esta energía se ve intensificada cuando disfruto de la creación de los demás. Yo no pienso que esta energía pueda ser creada, sino que la persona intenta canalizarla. Mis intentos no pasan por tratar de "ser más creativo", sino por tratar de romper las barreras que existen dentro de mi y que me impiden expresar libremente.

Me siento agradecido porque no tengo necesidad de entender el proceso creativo para expresarme. Como autista que soy, existen muchos aspectos de la vida que escapan de mi total entendimiento. Sin embargo, puedo participar y disfrutar de todos ellos.

Contribución de Dave Spicer, 1999

Capítulo 5:   Las personas

Libro de trabajo

Dibujos de Brian Davis, 1998, 14 años
Paul Hoyt, 1999, 13 años
Thomas Johnson, 1994, 5 años; 1999, 10 años

Las Personas

Las personas forman parte de la vida. Hay personas en casa y hay personas en la escuela. Hay niños, adolescentes, adultos y ancianos. Hay personas en las tiendas, en los autos, y personas caminando. Algunas veces están solas y otras están en grupo.

Las personas se diferencian de los **objetos.** Los *objetos* son cosas como los muebles, juguetes y rocas. Los *objetos* siempre están igual a no ser que hagas algo con ellos. **Algunos objetos de mi vida son:**

1 _____   3 _____

2 _____   4 _____

Las personas cambian. Es difícil saber qué van a hacer las personas. Algunas veces hablan fuerte. Otras veces hablan despacito. Algunas veces se ríen. Otras veces están quietas. Algunas veces me miran y otras veces miran para otro lado. La misma persona puede verse distinta según la ocasión. *Cambian las voces, la cara y el cabello, la ropa y la forma de moverse.*

Yo nunca sé si una persona va a verse distinta que antes. Las personas pueden ser impredecibles y misteriosas. Algunas veces me gusta estar rodeado de personas y otras veces prefiero estar solo.

Yo me siento confundido cuando las personas _____
_____ .

Las personas

Las personas de mi familia

La mayoría de los niños viven con sus familias. Algunos niños viven con uno solo de sus padres. Otros viven con sus dos padres. Algunos niños tienen padrastros o madrastras. **Mis padres** se llaman :

1 _____   4 _____

2 _____   5 _____

3 _____   6 _____

Algunos niños tienen hermanos y hermanas. Yo puedo tener hermanos y hermanas. Si tengo, anoto aquí sus nombres:

1 _____   5 _____

2 _____   6 _____

3 _____   7 _____

4 _____   8 _____

Algunas veces, los abuelos o tíos o tías o primos o amigos viven todos juntos en la misma casa. Si **otras personas** viven conmigo, anoto aquí sus nombres:

1 _____   3 _____

2 _____   4 _____

Algunos niños tienen dos familias. Esto pasa cuando sus padres están separados o divorciados. Un niño puede tener incluso dos o tres familias si vive con una familia adoptiva.

Yo voy a encerrar en un círculo o resaltar lo que se ajusta a mí.

- Yo tengo una sola familia. Vivimos todos juntos en la misma casa.
- Yo tengo dos familias, en dos casas distintas.
- Yo tengo tres familias, en tres casas distintas.
- Mis padres viven juntos.
- Mis padres viven en casas separadas.
- Mis padres están divorciados. Viven en casas distintas.
- Uno de mis padres se volvió a casar .
- Mis dos padres se volvieron a casar.
- Yo tengo una madrastra. Es la esposa de mi padre.
- Yo tengo un padrastro. Es es esposo de mi madre.
- Yo tengo medios hermanos o **medias hermanas***.
- Yo tengo hermanastros o **hermanastras****.
- Otros: _____

* Medio hermano o **media hermana** son los hermanos que tengo cuyos padres son mi madre y mi padrastro o mi padre y mi madrastra.

** Hermanastro o **hermanastra** son los hermanos que tengo y que nacieron de mi padrastro o mi madrastra, antes de casarse con mi madre o mi padre.

Las personas

Personas nuevas o distintas en casa

Algunas veces hay **personas** que vienen de visita a mi casa. Algunas visitas son cortas, pero otras pueden durar unos cuantos días, o semanas. Hay personas nuevas que quizá se muden y vivan en mi casa.

Acostumbrarme a los cambios en casa me puede llevar un tiempo.

Yo voy a marcar algunas ocasiones cuando ocurren cambios.

- Tener visitas o compañia
- En las vacaciones, cuando vienen mis abuelos, tíos, tías o primos de visita
- Fiestas de cumpleaños, fiestas de familia
- Amigos de hermanos o hermanas que vienen a jugar
- Mis amigos que vienen a jugar
- Hombres o mujeres que vienen a reparar, construír o pintar algo
- Uno o ambos de mis padres que salen de viaje
- Niñeras
- Un nuevo bebé
- Mudarse a otro barrio
- Padres que viven en diferentes casas
- Padres divorciados
- Mis padres divorciados que se casan con otro
- Un nuevo padrastro o madrastra
- Nuevos hermanastros o hermanastras
- Otros: _____
- Otros: _____

Mi árbol familiar

Un árbol familiar es un diagrama de la familia. Se llama *árbol familiar* porque muestra cómo las personas se relacionan unas con otras, como las ramas y tallos de un árbol que salen desde el tronco. Mi *árbol familiar* muestra como me relaciono con mi familia.

Mis padres y yo podemos completar el árbol familiar que está en la página siguiente, siguiendo estas instrucciones. Vamos a ir completando cada casillero.

☐ 1. Comenzamos desde abajo escribiendo mi nombre en la última línea.

☐ 2. Escribo los nombres de mi padre y de mi madre. Si tengo padrastros, también escribo sus nombres

☐ 3. Escribo los nombres de mis hermanos y hermanas en las líneas punteadas que salen hacia abajo.

☐ 4. Escribo arriba los nombres de mis abuelos.

☐ 5. Escribo los nombres de mis tíos y tías en las líneas que salen hacia abjo de mis abuelos.

☐ 6. Si quiero incluír a mis primos, necesito dibujar líneas que salgan de sus padres (mis tíos y tías).

☐ 7. Cuando termino, puedo mostrar el árbol a alguien de mi familia.

Las personas

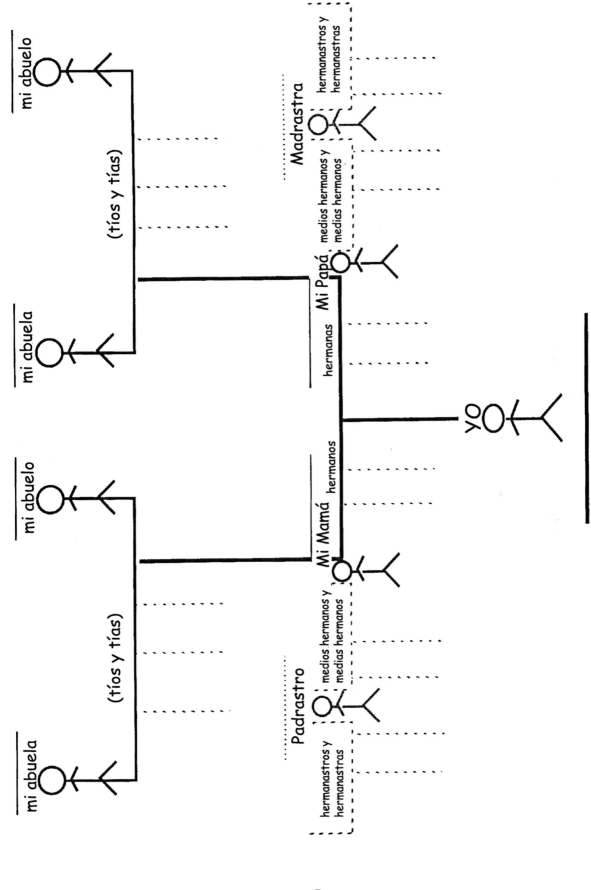

mi abuelo

mi abuela

mi abuelo

mi abuela

(tíos y tías)

(tíos y tías)

Madrastra

Padrastro

hermanastros y
hermanastras

hermanastros y
hermanastras

medios hermanos y
medias hermanas

medios hermanos y
medias hermanas

Mi Papá

Mi Mamá

hermanas

hermanos

YO

Personas nuevas o diferentes en la escuela

Algunas veces vienen personas nuevas o diferentes a mi clase. Muchos niños se sienten contentos de tener maestras nuevas y nuevos compañeros. Ellos piensan que esto es divertido. Pero los niños con autismo se pueden poner nerviosos, preocupados, asustados o enojados cuando ocurren cambios con las personas en la escuela. Esto es diferente y para nada familiar.

Me puede llevar bastante tiempo acostumbrarme a nuevas personas en la escuela. **Yo voy a marcar lo que me molesta en la escuela.**

- Maestras suplentes
- Practicante de maestra
- Nueva maestra o asistente
- Terapistas que vengan al salón
- Que la maestra cambie de lugar mi escritorio
- Que cambie de lugar los escritorios de mis compañeros
- Que mis padres vengan a mi clase
- Visitantes especiales a la clase
- Diferentes niños parados junto a mi en la fila
- Diferentes niños sentados junto a mi a la hora del almuerzo
- Diferentes niños jugando en el patio
- Un nuevo compañero en mi clase
- Ir yo a una nueva clase
- Otros: _____
- Otros: _____
- Otros: _____

Otras personas importantes

Hay **otras personas importantes** en mi vida. En la escuela, los adultos importantes son aquellos con los que yo hablo todos los días. Pueden ser las maestras, asistentes, terapistas, el director, oficinistas, cocineros y vigilantes. Los nombres de los **adultos importantes para mi** son:

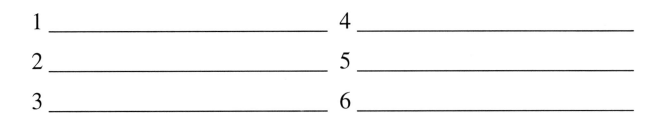

1 _____ 4 _____

2 _____ 5 _____

3 _____ 6 _____

Hay *niños* en la escuela que también son importantes para mi. Ellos pueden ser **amigos y ayudantes**. Sus nombres son:

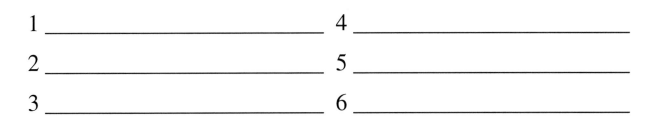

1 _____ 4 _____

2 _____ 5 _____

3 _____ 6 _____

También pueden haber *otras* personas importantes en mi vida. Pueden ser amigos de mi familia, gente de la iglesia o de la congregación, del trabajo de mis padres y de otras partes. Estas personas importantes en mi vida son:

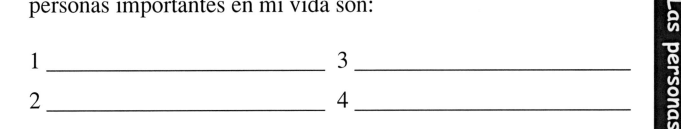

1 _____ 3 _____

2 _____ 4 _____

Las personas

Prestar atención a más de una persona

La mayoría de los niños que tienen dos padres se relacionan con ambos, y también quizá se relacionen con otros adultos como los abuelos o tíos o tías. En la escuela la mayoría de los niños escuchan y prestan atención a más de una maestra.

Los niños con autismo algunas veces se sienten confundidos cuando se supone que tienen que prestar atención a más de una persona. A menudo, es mas fácil y mas natural para un niño con autismo atender y confiar en una sola persona. *Es por esto que algunos niños con autismo pueden escuchar a un padre e ignorar al otro.* Algunas veces, el otro padre siente que es dejado de lado.

Yo voy a marcar lo que se ajusta a mi.

- Yo generalmente presto atención a mi padre y a mi madre. Yo escucho y hablo con **ambos**.
- Yo generalmente presto atención a **uno solo** de mis padres. Casi siempre escucho a mi _____.
- Yo vivo con uno solo de mis padres, o con uno cada vez.
- Yo presto atención a **todas** mis maestras en la escuela. Hay ___. (número?)
- Yo generalmente presto atención a una sola de mis maestras en la escuela. Yo generalmente escucho más a _____ (nombre).
- Hay muchos adultos que se preocupan por mí, y me gustaría relacionarme con **más** de uno de ellos. Me gustaría conocer más a _____ (nombre).
- Hay muchos adultos que se preocupan por mí, pero en este momento me gustaría relacionarme con **uno solo** de ellos en la escuela, y con **un solo** adulto en casa.

Las personas

Sentirse seguro

Muchas personas en el mundo son buenas personas. Las personas buenas son generalmente amables y me ayudan. Yo me siento **seguro** con ellas.

Pero hay algunas personas que no son buenas. Hay algunos pocos niños o adultos que pueden intentar dañar a los demás o hacerlos hacer cosas que están mal. Alguien puede parecer amable, pero en realidad el o ella puede ser una mala persona.

Para ciertos niños puede ser difícil saber si alguien es una buena persona. Pero para los niños con autismo resulta especialmente difícil saber si es seguro estar con alguien o no. *Algunos niños con autismo tratan de hacer lo que se les dice, aunque no entiendan el por qué.* O pueden ser muy miedosos y pensar que todo el mundo quiere dañarlos, aun cuando la persona sea realmente buena y sea seguro estar con ella.

Yo voy a encerrar en un círculo o resaltar lo que se ajusta a mi.

- Todos son mis amigos.
- Yo siempre trato de hacer lo que alguien me dice, aun cuando no entiendo la razón.
- Yo tengo miedo de la gente que no conozco.
- Aunque mis padres me digan que todo está bien, yo igual sigo teniendo miedo de las personas que recién conozco.
- Yo me pregunto si _____ (nombre) es una persona buena.
- Hay niños en la escuela que me mandan hacer cosas y yo no se por qué. Algunas veces tengo miedo y me siento confundido. Los niños me dicen que yo _____
  _____ .

La mayoría de los niños en la escuela son buenos. Pero hay algunos pocos niños que no son buenos. Puede existir un niño en mi escuela o en mi barrio que actúe como un *matón*.

Un niño que actúa como un matón me dice que haga cosas que no están bien o que me asustan. Algunas veces el o ella tratan de asustar o lastimar a otros niños. El o ella pueden incluso pegarles. Un niño que actúa como matón puede fingir que es una buena persona, pero en realidad hace cosas muy crueles y malas. Es difícil comprender por qué estos niños se portan así.

Si hay un niño que hace cosas que me asustan o cosas que no comprendo, entonces yo debo contarle esto a un adulto. Debo decirle a mi maestra o a mis padres o a otro adulto lo que ese niño está haciendo.

- Yo puedo sentirme seguro si le cuento a mi maestra o a mis padres o a otro adulto que hay algo que no entiendo.

- Los adultos solamente son capaces de ayudarme solamente si yo les cuento lo que ha pasado. Si yo no les cuento, ellos no saben lo que ha pasado y por lo tanto no me van a poder ayudar.

- Está bien contarle a mis padres o a mi maestra cuando hay algo que no entiendo de algún niño. Yo no entiendo por qué _____ _____ .

Las personas

Mis padres o maestra pueden hacer una lista de algunas de las personas que son especiales para mí y que me pueden ayudar. Algunas de ellas son adultos y otras son niños. Estas son las personas a quienes puedo recurrir y que me pueden ayudar cuando hay algo que no entiendo.

Esta es la lista de los niños y adultos que me pueden ayudar:

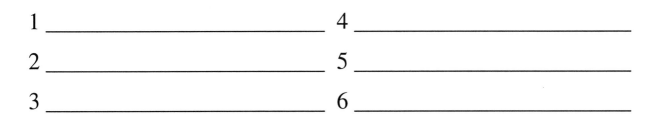

1 _____   4 _____

2 _____   5 _____

3 _____   6 _____

Mis padres y yo podemos hacer juntos estas cosas para que yo me sientia más seguro:

- Mis padres o mi maestra me pueden ayudar a hacer una **tarjeta de identificación** con mi número de teléfono y mi dirección para que yo lleve conmigo. También puedo anotar otros números de teléfono importantes en la tarjeta.

- Yo puedo *practicar* usando distintos tipos de teléfono, incluyendo los teléfonos donde tengo que pagar.

- Mis padres pueden escribir lo que tengo que decir atrás de la **tarjeta**, así yo puedo leer las palabras que necesito decir para pedir ayuda.

- Yo puedo *practicar* discando los números de teléfono y hablando con las personas que están escritas en la **tarjeta**.

Las personas

Para Padres y Maestros

" La gente me molestaba. Yo no sabía lo que querían ni lo que me podían hacer. No siempre se presentaban de la misma manera y yo no me sentía seguro con ellos. Incluso una persona que generalmente era buena conmigo podía actuar diferente según la ocasión. Las cosas no siempre funcionaban entre los demás y yo. Aun cuando yo los observaba mucho, seguían siendo para mí un rompecabezas, y yo no podía relacionarlos con nada. "

Sean Barron, en el libro
Hay Un Niño Aquí, de Sean y Judy Barron
publicado por Simon y Shuster

Considera utilizar estrategias visualmente estructuradas para preparar a tu hijo en su interacción social y para esclarecer las relaciones que establezca con los demás. Aunque estas ideas no sean las recetas mágicas que cambien instantáneamente el misterio que entraña el relacionarse con los demás, las estrategias estructuradas pueden ayudar a disminuír la confusión, proporcionando predecibilidad, familiaridad y sentido de orden.

Ideas en Este Capítulo

- Incluír personas nuevas en el horario
- Usar un calendario
- Escribir una lista de cosas para hacer mientras hay visitas
- Visitas que se quedan a dormir
- Padres que salen de la ciudad
- Cambios en la estructura familiar
- Maestras suplentes
- Historias sociales
- Enseñar una rutina para *pedir ayuda* fuera de casa

95

Incluír personas nuevas en el horario

Puedes anotar en el horario diario de tu hijo si va a existir algún cambio relacionado con las personas que él va a encontrar ese día en casa o en la escuela. Escribe el nombre de la nueva persona en el renglón de entrada que corresponda, aún si tu hijo nunca ha visto antes a esa persona. El podrá manejar mejor su ansiedad frente a los cambios, si se acostumbra a ver nuevos nombres escritos en su horario. Desarrollar la costumbre de *ver nuevos nombres en el horario*, no solamente clarifica los cambios, sino que les da significado. Recuerda que para un niño que confía en las costumbres, la costumbre por si misma adquiere significado.

También puede ayudarlo si ve una explicación corta anotada en la parte superior del horario. Por ejemplo, para un niño que espera una nueva niñera, se podría escribir:

Debora está enferma. Hoy ella se tiene que quedar en su casa. La señora Pérez será tu niñera desde las 4 hasta las 7 de la tarde.

Usar un calendario

Dale a tu hijo su propio calendario. Escribe lo que sucederá en el día que corresponda y muéstraselo con anticipación. Coloca una foto de la nueva persona en el calendario para añadir más información visual.

Usa el calendario para preparar a tu hijo a los cambios físicos que puedan sobrevenir a los miembros de la familia, como el uso de lentes, lentes de contacto, cortes de pelo y bronceados. Marca en el calendario cuando tú u otra persona se van a presentar con su nueva apariencia.

Algunos pocos niños pueden concentrarse demasiado en el evento marcado en el calendario. Para ellos, verlo escrito puede ocasionarles gran ansiedad. La dificultad en comprender el paso del tiempo puede empeorar el problema. Ellos pueden pensar que el evento va a suceder enseguida. Tu necesitarás pensar con cuidado cual es el lapso más conveniente para anticiparle a tu hijo un evento. Quizá convenga decírselo el día anterior en lugar de una semana antes. A medida que tu niño se acostumbre al horario, verás que este se transforma en una ayuda, aunque al principio hay ocasionado dificultades.

Para ayudar a tu hijo a comprender el concepto del calendario y del tiempo, haz que tu hijo tache el día transcurrido al irse a la cama por la noche, y que encierre en un círculo el día de hoy cuando se levanta por la mañana.

Escribir una lista de cosas para hacer mientras hay visitas

Prepárate para recibir visitas en tu hogar, haciendo una lista de las actividades que tu hijo realizará mientras dure la visita. Lista las actividades que le permitan jugar solo. Si conviene, incluye actividades en las que intervenga la visita.

Si las actividades que planeas involucran las favoritas de tu hijo, el éxito que él alcance al entablar relaciones con la visita será mayor. Trata de que esas actividades tengan un principio y un final claros. Algunos ejemplos de actividades sociales estructuradas pueden ser: jugar a las cartas, a la lotería, al bingo, nombrar y mirar las personas del álbum familiar, y ayudar trayendo el copetín, si haz hecho una lista previa de los alimentos a servir.

Visitas que se quedan a dormir

Cuando sabes de antemano que esperas visitas que se van a quedar a dormir en tu casa, marca en el calendario los días que permanecerán en tu casa. También puedes escribir alguna actividad significativa para tu niño, para que realice cuando las visitas se hayan ido.

Recuerda incluír información sobre la visita en el horario de tu hijo. En las horas que corresponda, agrega datos significativos como donde se sentará cada uno a la mesa, donde dormirán y cuales programas de televisión se pueden ver.

Padres que salen de la ciudad

En el calendario, marca el día en que tu o tu esposo/a saldrán de la ciudad, así como el día de regreso. En la fecha que corresponda, escribe donde el/ella va a estar o algo concreto que esté haciendo ese día: Papá se va a Madrid, papá visita a la Tía Amanda, Papá regresa a casa.

Deja escritas unas cartas cortas, para que se las den a tu hijo cada día que estés fuera. Ayúdale a comprender que no has desaparecido, sino que estás en otro lugar haciendo algo, y que regresarás en determinada fecha. Las cartas deben estar fechadas como si las escribieras ese día.

No olvides incluír la información que juzges significativa, como el momento de decir adiós, las personas que estarán con el niño en esos días, y lo que harán. Colabora para que los cambios sean más predecibles. No des por sentado que tu hijo sabe y comprende todos los detalles.

Si ya has usado con regularidad el calendario y el horario, verás que el proceso de comprender la ausencia del / los padres se torna mas fácil, y el niño puede manejar mejor los cambios.

Cambios en la estructura familiar

Si surgen cambios en la familia debido a un divorcio, separación o nuevo matrimonio, haz un esquema o recurre al árbol familiar (pags 86 y 87) para que tu hijo pueda ver como se relacionará con los integrantes de la familia, y para dar a los cambios un sentido de orden. Marca en el calendario los cumpleaños y fallecimientos de personas importantes y de las mascotas. Escribe historias sociales (ver más abajo) para esclarecer los cambios.

Permite que tu hijo tenga más "tiempo para estar solo" o "hora de tranquilidad", tanto en casa como en la escuela.

Maestras suplentes

Puedes crear un archivo con las maestras suplentes y si es posible obtiene sus fotografías. Coloca la foto o la tarjeta con el nombre en el calendario de la clase o en el del niño, para mostrarle qué día esperas que venga la sustituta.

Para prepararse frente a una ausencia imprevista: haz que el niño contemple al menos una vez por semana el archivo de fotos de las maestras suplentes, para que se familiarice con ellas. La primera cosa a hacer por la mañana, cuando la maestra regular faltó, es colocar en algún lugar visible de la clase la foto de la maestra sustituta que vendrá ese día. Si no hay fotografías disponibles, puedes escribir el nombre en una tarjeta y más tarde por la mañana, tratar de tomar una fotografía para tenerla para el archivo.

Historias sociales

Escribe una historia social sobre el evento específico que causa confusión o estrés. Una historia social, escrita desde el punto de vista del niño, proporciona información acertada sobre como comportarse en determinada situación, y por qué. No hagas supuestos sobre lo que el niño puede o no comprender. Carol Gray ha escrito numerosos artículos y libros enseñando la manera de escribir una historia social adecuada, y numerosos ejemplos de estas. En la página 237 y en *Fuentes Recomendadas* puedes obtener mas información sobre este tema.

A continuación se muestra el ejemplo de una historia social escrita para un niño de tercer año escolar, que tenía grandes dificultades en aceptar las maestras suplentes. Debido a razones particulares de salud, la maestra Gómez sabía que iba a faltar a su clase varios días durante el invierno, y creía que el niño iba a presentar problemas en aceptar la nueva maestra. Hablando con él, descubrió que creía que la maestra suplente era solo una visita, no comprendía el sentido de una nueva maestra en la clase, ni entendía por qué esta nueva persona iba a tomar el lugar de su maestra habitual.

Dias de Maestras Suplentes

Mi maestra es la Sra. Gómez. La mayor parte del tiempo ella está en la escuela: Lunes, Martes, Miércoles, Jueves y Viernes.

Algunos días son diferentes. Algunas veces la maestra Gómez debe quedarse en su casa porque está enferma o porque tiene que ir al doctor.
Esos días, ella no puede venir a la escuela.

Los niños de mi clase necesitan tener una maestra, aunque la Sra. Gómez no pueda venir a la escuela. Esos días, el director pide a una maestra especial que sea la maestra de nuestro grupo. Esta maestra especial se llama **maestra suplente** porque está **suplantando** a la maestra Gómez. Generalmente, nuestra maestra suplente es la Sra.Salinas, pero algunas veces puede ser otra persona.

La maestra Gómez no siempre sabe con anticipación cuando va a faltar. Los demás niños y yo nos enteramos recién cuando llegamos a la escuela por la mañana.

Físicamente, la maestra suplente es distinta que la Sra. Gómez, pero ella dice lo que la Sra. Gómez quiere que diga. Los días que tengo maestra suplente, yo voy a tratar de trabajar tan tranquilo como si la sra. Gómez estuviera en la clase.

Enseñar una rutina para pedir ayuda fuera de casa

María White, una de las dibujantes de este libro, usa transporte público todos los días. Ella insistió en que este libro debía contener información sobre la seguridad. Haz que tu niño lleve una tarjeta de identificación, o una pulsera o collar identificatorios.

Crea una tarjeta especial que contenga información en sus dos caras. Un lado de la tarjeta puede contener la información típica identificatoria. El otro lado puede servir como una "clave" para ser usada por tu hijo en caso de emergencia. Puede contener ayudas como recordarle cómo usar un teléfono público, o cómo pedir ayuda al gerente de una tienda para usar su teléfono. Si la información que se necesita no cabe en la tarjeta, construye una más pequeña, que se pueda doblar para meter en el bolsillo o en un monedero.

Practica usando teléfonos públicos. Escribe en color las directivas a seguir, ordenadas secuencialmente. A medida que tu hijo avance aprendiendo la rutina, lista los pasos a seguir en una tarjeta más pequeña, o en la parte de atrás de la tarjeta identificatoria.

Dependiendo de la habilidad que tenga para funcionar independientemente, puedes intentar enseñarle a dar la tarjeta con las claves al encargado de la tienda. Si se siente nervioso, es más fácil mostrar la tarjeta que hablar. El mensaje a leer puede ser: " Yo necesito ayuda. ¿Puede ayudarme a llamar a mi casa?". Enséñale la rutina de ir a una tienda, preguntar por el gerente y pedir para usar el teléfono (o mostrar la tarjeta). Practica frecuentemente, primero en casa, luego en diferentes lugares públicos como un centro comercial. Quizá te sientas más comodo intentando primero en una tienda que ya conozcas.

Recuerda que aunque tu hijo sea bastante verbal, si se encuentra en una situación estresante quizá pierda la habilidad de comunicarse. Al proporcionarle un sistema alternativo de comunicación (la tarjeta), podrá seguramente manejrse en una situación de emergencia.

No te olvides de incluír las sesiones de prácticas en el horario. Si tu hijo se resiste a que le enseñes, pide ayuda a otro adulto importante en su vida como la maestra, un amigo o los abuelos, para que ellos le ayuden a leer las sugerencias.

Capítulo 6: Comprender a los demás

Libro de trabajo

Dibujo de Thomas Johnson, 1995
6 años

Contacto visual

Establecer contacto visual significa mirar a alguien directamente a los ojos. Muchos niños pueden oír y entender mejor lo que se les dice si miran directamente a los ojos de la persona que les está hablando. *La mayoría de los niños establece contacto visual cuando presta atención.* Es por esta razón que la gente piensa que si yo la miro a los ojos, voy a comprender mejor lo que me dicen. Cuando miro para otro lado, ellos creen que no estoy prestando atención. Esto puede ser verdad para otros niños, *pero no es verdad para la mayoría de los niños que tienen autismo.*

Yo voy a encerrar en un círculo o resaltar lo que se ajusta a mí.

- Yo puedo establecer contacto visual o puedo escuchar, pero es difícil para mí hacer ambas cosas a la vez .
- Es difícil comprender lo que la persona dice si la tengo que mirar a los ojos.
- Es más fácil para mí comprender lo que la persona dice cuando estoy mirando para otro lado.
- A mí no me gusta establecer contacto ocular porque me siento incómodo.
- Algunas veces es fácil establecer contacto ocular y escuchar al mismo tiempo.
- Otros: _____

Si alguien me dice **" Mírame"** cuando quieren llamar mi atención, y si me siento incómodo con esto, puedo decir:

Yo **estoy** prestando atención.
Sin embargo, yo puedo escucharte mejor si miro para otro lado

Palabras:
Sentido literal y sentido figurado

Algunas frases y palabras sencillas pueden tener dos significados.

El primer significado es literal. Literal es cuando la palabra significa exactamente lo que dice. La mayoría de los niños con autismo comprenden las palabras de esta manera.

Pero algunas veces la gente utiliza las palabras de otra manera. Ellos no le dan su sentido literal. Estos diferentes significados se llaman sentido figurado.

Yo me puedo sentir confundido con el sentido figurado. Yo podría pensar en el significado literal de las palabras y no comprender lo que la persona me quiere decir. Por ejemplo:

- **Me mató con la mirada** evidentemente no significa que estoy muerto, sino que me miró con odio, con disgusto.

- **Es un trabajo de locos** no significa que lo van a hacer los locos, sino que es un trabajo que no tiene sentido, o que es muy complicado.

- Canté hasta quedarme sin voz no significa que ya no tengo voz, sino que canté mucho y con mucha fuerza.

*Mas ejemplos de **Sentido Figurado**...*

Sentido Figurado   ## Significado Real

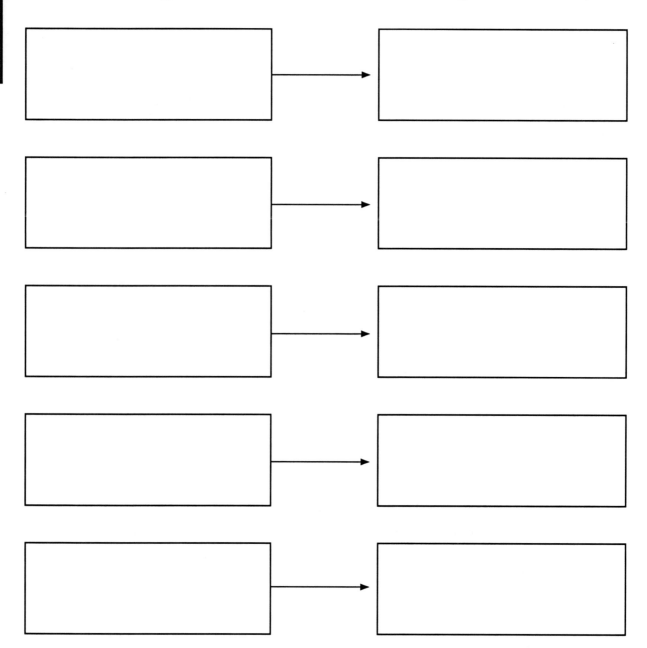

Lenguaje Corporal y Expresión Facial

Las personas se comunican hablando y escribiendo. Las personas también se comunican cambiando la cara y el cuerpo. Cuando se comunican cambiando el cuerpo se llama **lenguaje corporal**. Cuando se comunican cambiando la cara, se llama **expresión facial**.

- *Diferente lenguaje corporal significa diferentes cosas.* Por ejemplo, cuando una persona se da vuelta y te da la espalda, significa que no quiere hablar más.

- *Diferentes expresiones faciales significan diferentes cosas.* Por ejemplo, cuando una persona mueve sus cejas y las junta haciendo casi una línea, puede significar que está confundido, o que está comenzando a enojarse.

Los significados que tienen el lenguaje corporal y la expresión facial no son siempre los mismos, pero la mayoría de los niños los entienden fácilmente. *Yo puedo ver que las personas cambian su cuerpo y su cara, pero yo no sé exactamente lo que quieren decir.* Para un niño con autismo, el lenguaje corporal y la expresión facial son difíciles de entender.

*Más sobre **Lenguaje Corporal** y **Expresión Facial**...*

Cuando una persona se quiere comunicar conmigo, debería hacerlo de manera tal que yo entendiera exactamente lo que me quiere decir.

La mejor manera es comunicarse con palabras que sean:

- exactas
- concretas
- y literales

Si yo no comprendo lo que alguien está diciendo, puedo decirle a esa persona,

"Por favor, ¿podrías ser más exacto?"

*Ejemplos de expresiones **de felicidad**...*

Yo voy a buscar en las revistas figuras de personas con caras **felice**s. Yo voy a recortar **dos** caras felices y las voy a pegar aquí.

Ejemplos de expresiones que **no son felices...**

Yo puedo buscar en las revistas figuras de personas que **no tienen caras felices**. Yo voy a recortar dos figuras, y las voy a pegar aquí.

Dificultad para comprender a los demás

Cuando la gente habla, yo escucho sus palabras. Aunque yo reconozco las palabras, *algunas veces no entiendo lo que quieren decir cuando están todas juntas.*

Yo voy a encerrar en un círculo o resaltar lo que se ajusta a mí.

A mí me resulta difícil entender lo que me dicen, cuando:

- La gente habla muy rápido
- Utilizan demasiadas palabras
- Utilizan palabras que no conozco
- Utilizan *sentido figurado (ver pags. 103 y 104)*
- Me están hablando y hay demasiado ruidos
- No me dan tiempo a que piense en lo que me han dicho
- Pronuncian las palabras de maneras diferentes
- Hablan con acento diferente o en dialectos diferentes
- Quieren que yo establezca contacto visual, me dicen *"Mírame"*
- Me hablan cuando yo estoy pensando en otra cosa
- Me hablan cuando yo estoy preocupado o ansioso
- Otros: _____

Las personas que conozco y me resultan *difíciles* de comprender son:

1 _____   3 _____

2 _____   4 _____

Comprender mejor a los demás

Algunas personas son fáciles de comprender. Las personas que conozco y que comprendo fácilmente son:

1 _____   3 _____

2 _____   4 _____

Yo voy a encerrar en un círculo o resaltar lo que se ajusta a mí.

Yo puedo comprender mejor a las personas cuando ellas:

- Utilizan pocas palabras
- Hablan despacio
- Esperan y me dan tiempo para que piense y comprenda
- Recuerdan que yo doy a las palabras un sentido literal
- Me hablan en un lugar tranquilo
- Paran para preguntarme si entendí
- No insisten en que establezca contacto ocular. Está bien si miro para otro lado
- Escriben las palabras, para que yo las pueda leer
- Otros: _____
- Otros: _____
- Otros: _____

Ver el significado

Muchos niños con autismo comprenden mejor a las personas cuando pueden ver lo que se les quiere decir. A mí me puede resultar más fácil comprender a los demás cuando puedo **leer** lo que dicen o cuando me muestran **figuras**.

Una niña con autismo le dijo a sus maestras,

> *"Yo comprendo cuando hablas,*
> *pero comprendo mucho más cuando escribes"*

Si alguien me quiere decir algo realmente importante, sería mejor que lo escribiera. Me serviría mucho hablar con alguien mientras estamos sentados a la computadora. La otra persona puede escribir y hablar, y yo puedo leer lo que está diciendo. Luego llega mi turno de hablar, o de hablar y escribir.

Yo voy a marcar lo que me gusta:

- Cuando la gente solamente habla. No tengo problemas en entender lo que están diciendo
- Cuando solamente escriben. Puedo entender mejor cuando leo, sin tener que escuchar
- Cuando la gente habla y escribe. Puedo comprender mejor cuando escucho y leo lo que están diciendo
- Cuando la`persona escribe lo que está diciendo en la computadora.
- Puedo comprender mejor cuando leo y escucho mientras estoy sentado a la computadora
- Yo no sé qué me resulta más fácil
- Otros: _____

Estar ausente

Muchos niños con autismo pueden no escuchar o comprender lo que se les está diciendo porque están como **ausentes**. Cuando están ausentes se distraen, se pierden lo que se estaba diciendo.

Yo voy a encerrar en un círculo o resaltar lo que se ajusta a mí.

- Algunas veces estoy como ausente
- Nunca estoy como ausente
- Yo no sé si estoy ausente

Algunos niños están como *ausentes* solamente por unos pocos segundos, por un corto tiempo. Algunas veces están ausentes por un largo tiempo. Así se pueden perder mucha información. Si yo estoy como ausente, es porque:

- Me siento abrumado por tantas señales y sonidos. Estar ausente es para mí como un *recreo*

- Quizá estoy prestando más atención a los pensamientos y sentimientos que tengo *dentro* de mí

- Yo estoy como ausente porque _____

Las ideas en este capítulo pueden ayudarme con todas las cosas que tengo que escuchar, ver, sentir y comprender.

Para Padres y Maestros

"Yo te comprendo cuando me hablas, pero te comprendo más cuando escribes lo que estás diciendo"

— Maria White a los 17 años,
al conocer a sus nuevos maestros de secundario, durante su último semestre escolar

Ideas en Este Capítulo

- La crítica brecha entre hablar y comprender
- Observa cuidadosamente
- El tema del contacto ocular
- Elegir las palabras
- Tu manera de hablar
- Las distracciones
- Hazte un tiempo para escuchar
- Lenguaje corporal
- Poner por escrito
- Estar como ausente

La crítica brecha entre hablar y comprender

Los niños con autismo a menudo presentan dificultades para comprender el lenguaje y procesar la información auditiva. Generalmente, su capacidad de comprensión es más débil, comparada con el resto de sus capacidades. Las dificultades en el lenguaje receptivo son más obvias entre los niños no verbales y aquellos niños con capacidades notoriamente limitadas. Sin embargo, los niños con autismo de alto funcionamiento también presentan sus problemas.

Tu hijo puede hablar y leer. Puede destacarse en una o más áreas. Puede sacar buena puntuación en tests estandarizados. Puede ser tanto introspectivo y callado como muy hablador en relación a determinados temas. Esto sucede con algunos niños con AAF, a los que se les apoda de "pequeños profesores". *Es con razón entonces que los maestros y padres creen que su hijo con AAF comprende todo lo que se le está diciendo.*

Pero muy frecuentemente existe una brecha entre las habilidades del lenguaje expresivo y las del receptivo. En este caso, conviene hacer una evaluación del lenguaje, apuntando al lenguaje receptivo, la prognosis y el uso del lenguaje como medio de socialización y comunicación.

Observa cuidadosamente

Aunque tu hijo posea un extenso vocabulario, puede presentar dificultades para encontrarle sentido a todo lo que se le dice. Su comprensión está muy relacionada con su exclusiva forma de pensar y aprender, su tendencia a preferir determinados temas, la forma en que experimenta sensorialmente el mundo, y la manera en que interpreta las diversas situaciones sociales.

¿Puede tu hijo asimilar y organizar toda la cantidad de información verbal que recibe en la escuela? ¿Cómo interpreta los conceptos, detalles, sutilezas y significados de las conversaciones habituales?

Revisa la forma en que te comunicas. Observa tus costumbres y tus suposiciones cuando te comunicas. La mayoría de nosotros hablamos automáticamente, sin ponernos a pensar como y cuanta información está recibiendo el niño. Necesitamos detenernos y fijarnos cómo usamos las palabras, cómo explicamos y proporcionamos información, qué tan rápido hablamos, y qué damos por sentado cuando nos comunicamos en forma *no verbal*.

Como con todas las sugerencias de este libro, debes encontrar mediante el método de ensayo y error, la mejor manera de ayudar a tu hijo en la comunicación.

El tema del contacto ocular

Suponer que para entender mejor lo que se nos está diciendo, debemos mirar a los ojos de nuestro interlocutor, es realmente una creencia muy extendida. El contacto ocular nos indica que la otra persona nos está escuchando. La lógica y la experiencia nos indican que si el interlocutor está mirando para otro lado, es porque no nos está atendiendo. Entonces, para ecuchar a sus maestros o padres con atención, el niño debe establecer contacto ocular. ¿Es esto verdad?

No siempre. Sí puede ser verdad si nos referimos a la mayoría de los niños neurotípicos, pero ciertamente no es así en el caso de los niños que tienen autismo.

Los adultos con autismo se han expresado claramente en cuanto a este tema. Uno de ellos dijo que el podía mirar a alguien o escucharlo, pero no hacer ambas cosas a la vez. Otro preguntaba de forma realmente conmovedora *"¿Quieres que te mire, o quieres que comprenda lo que me estás diciendo?"*. Otra persona manifestaba que él podía establecer contacto visual de ser necesario, pero haciendo esto "sacrificaba" un tanto su comprensión.

"Yo puedo prestar más atención si tengo mis ojos cerrados"

— John Engle, a los 31 años
justificando que estaba aún escuchando

La cuestión no pasa por ser radicales y exigir a rajatabla el contacto visual. Muchos niños aumentan su capacidad de comprensión cuando tienen la libertad de mirar para otro lado mientras están procesando la palabra hablada. Mirar (contemplar e interpretar los ojos y las expresiones faciales) y escuchar (procesar el lenguaje) mientras se reflexiona sobre el significado y pensar en la propia respuesta, es un proceso complicado que requiere que el escucha integre múltiples perspectivas.

La cantidad de estímulos y "expectativas sociales" (según manifiesta un hombre con autismo) que están presentes cuando se establece contacto visual puede ser abrumadora. Y una mujer con autismo señalaba que para ella, el contacto visual llegaba a ser hasta doloroso.

Permite que tu hijo siga su tendencia natural de mirar para otro lado cuando está escuchando. Date cuenta que está tratado de hacer todo lo posible para procesar lo que tú le dices. Comenta con tu hijo cómo percibe la gente neurotípica al contacto ocular. Respeta la forma en que tu hijo se relaciona con sus ojos, y enseña a otras personas que lo conozcan a aceptar su manera de ser.

Elegir las palabras

Recuerda que en una primera instancia, tu hijo dará un sentido literal a las palabras que escucha. Cuando quieras que algo quede claramente entendido, utiliza palabras y explicaciones que sean concretas y literales.

Luego de asegurarte de que tu hijo comprende lo que le estás diciendo, puedes intentar enseñarle otras maneras de decir lo mismo. Puede ser divertido elaborar una lista de sentidos figurados y frases alternativas, y emparejarlas con su significado real.

Tu manera de hablar

Tu hijo puede emplear más tiempo del que piensas en procesar la información verbal. Recuerda hacer un alto y esperar en silencio la respuesta de tu hijo. No repitas lo que ya dijiste, a no ser que tu hijo te lo pida. Respira profundo, sé paciente y recuerda que el tiempo que a tí te parece una eternidad, en realidad es sólo unos instantes.

Habla más despacio si tienes costumbre de hablar rápido.

Intenta hablar en un tono de voz tranquilo, casual, especialmente en situaciones que pueden ser estresantes para tu hijo. Traslucir demasiada emoción en tu voz puede ser confuso y motivo de distracción.

Trata de no usar demasiadas palabras. Desde el punto de vista de tu hijo, la comunicación más efectiva es aquella que es concisa y simple. Podrá prestar atención a los datos más relevantes si dejas los superfluos de lado.

Las distracciones

Presta atención al ambiente donde estás hablando con tu hijo. Si existen cosas que lo puedan distraer, tu hijo no podrá concentrarse en lo que se le está diciendo. Espera para hablar más tarde, cuando el ambiente sea más tranquilo, o vete a un lugar más quieto y calmo. Dile: **"Vamos para allí…"** o **"Vamos a la otra habitación para poder hablar y oírnos mejor"**.

Trata de conocer el "interior" de tu hijo, y aprende a darte cuenta cuando está distraído por sus propios pensamientos o cuando se está por poner ansioso. Si está nervioso por algo que ha pasado, o si está concentrado en alguna idea o tema especial, no estará listo para escuchar y captar nueva información.

Hazte un tiempo para escuchar

Utiliza el horario diario para ayudar a tu hijo a manejar sus "distracciones interiores" o su necesidad de hablar de sus temas favoritos. Si se necesita hablar de algo o hacer algo, o si necesitas que dejar de hablar de su tema favorito, puedes ayudarlo a consultar su horario para entender que ahora es el tiempo de hacer otra actividad y que más adelante dispondrá de tiempo para hablar de lo que le gusta. Por ejemplo:

> Toma su horario mientras está mirando y escribe una nueva entrada que muestre la hora asignada para hablar de su tema preferido. Señálale el horario mientras dices: *"Primero vamos a hablar de (tema propuesto por el padre) y luego será la hora de (pasear al perro) y luego será la hora de (su tema preferido)"*. Poder ver, de manera concreta, que hay un tiempo dispuesto para su actividad o tema preferidos, le permitirá poder dedicarse a hacer otra cosa, o a escuchar lo que tu le estás diciendo.

Aunque el ejemplo anterior se refiere a una situación en el hogar, se puede aplicar la misma estrategia en la escuela. Revisa las ideas expuestas en las páginas 38 a 42.

Tu hijo puede necesitar hablar contigo ahora, sobre su tema preferido o sobre algo que le preocupa. Nuevamente recurre al horario para ver las actividades asignadas. Tu hijo necesita ver que no puede estar hablando de su tema todo el día, porque también hay otras cosas para hacer. Esta constatación puede incluso aliviarlo. Agrega entradas o modifica el horario como convenga. Puedes escribir *"hablar sobre_____ hasta_____."* Luego, resalta la actividad a hacer después.

Lenguaje corporal

Es difícil enseñar a interpretar el lenguaje corporal, por la transitoriedad de su naturaleza y porque pequeños y sutiles cambios de movimiento o de postura pueden resultar en interpretaciones radicalmente distintas. Las diferencias personales aumentan la confusión. Idénticas posturas o movimientos hechos por una persona no garantizan que quieran significar lo mismo al ser hechos por otra persona distinta.

Un joven con autismo fue a la biblioteca a buscar libros que hablaran del lenguaje gestual. Logró memorizar algunas expresiones, aunque en general el lenguaje corporal y los códigos no verbales de comunicación aún representan un misterio para él. En definitiva, a las personas con autismo quizá les alcance con saber que existe algo que se llama lenguaje corporal, que ciertamente es muy difícil de interpretar.

Dependiendo de tu hijo y de su interés en este tema, puedes mostrarle cuales son las posturas, gestos y expresiones más comunes. Identifica las interpretaciones más comunes del lenguaje corporal, especialmente las más usadas en la casa o en la escuela. Si puedes, en el transcurso de una conversación, identifícalas en la persona que está hablando. Mientras dialoga con personas que son importantes en su vida, una joven les pide que le expliquen lo que quieren significar con las expresiones corporales que utilizan al hablar.

Si hay suficiente interés, motivación o necesidad, puedes intentar hacer un juego de todo esto, como si fuera una dramatización. Los miembros de la familia o compañeros de clase pueden turnarse y representar distintos gestos y posturas, que los demás tendrán que adivinar. Mientras hacemos esto, nos damos cuenta en realidad cuan difícil es definir la comunicación no verbal.

Una actividad similar puede ser grabar los teleteatros de la televisión. Detente en los momentos claves para discutir los significados posibles de las expresiones. Rebobina e identifica las variadas posturas y gestos.

Si quieres saber más sobre esta área de la comunicación que la mayoría de nosotros damos por sentado, puedes consultar el libro de Duke, Nowicki y Martin, titulado (en inglés) **Teaching Your Child the Language of Social Success**. Está incluido al final del libro, en *Fuentes Recomendadas*.

Poner por escrito

La mayoría de los niños con autismo tienen una capac[...] considerable, y tienden a responder positivamente a las instr[...] corresponden a estrategias de aprendizaje visuales. Dibujos, si[...] pueden mejorar la comprensión que algunos niños tengan de d[...] situaciones, aunque para la mayoría de los que tienen autismo l[...] más útil.

Si quieres aumentar la capacidad de comprensión de tu hijo, escribe a medida que hablas. De esta manera te asegurarás que entiende lo que le estás diciendo.

Cuando tu hijo esté alterado o nervioso, quizá la mejor manera de comunicarse con él sea a través de una nota. (Ver páginas 111 y 261).

Una manera de favorecer la comunicación puede ser sentarse ambos a una computadora mientras dialogan. Los elementos visuales aumentan la comprensión y si logras desarrollar como si fuera un juego, una rutina de tomar turnos, la capacidad de mantener una charla se verá incrementada.

Algunos niños pueden procesar la información más fácilmente si la parte verbal y la visual no se perciben simultáneamente, sino una después de la otra. El orden puede variar según el niño. Para algunos, el proceso funciona mejor si la palabra escrita se muestra primero, preparando y ayudando al niño a concentrarse para recibir posteriormente la palabra oral. Para otros niños, es mejor que la palabra escrita siga a la expresión verbal, como manera de clarificar el significado de lo que se ha dicho. Hay más información sobre este punto en el capítulo 8.

Tu hijo puede captar mejor la idea global de la vida, y de lo que se espera de él en la escuela y en el hogar, cuando le estructuras las cosas visualmente. El uso del horario ya se ha discutido en profundidad en los Capítulos 2, 3 y 5.

En el Capítulo 9 se introducirán otras estrategias visualmente estructuradas como el esquema de trabajo, instrucciones escritas, listas y otros métodos visuales que mejorarán el nivel de comprensión de tu hijo.

El Capítulo 11 ayuda a tu hijo a comprender cómo manejarse cuando está alterado. Entre las herramientas visuales a utilizar se cuenta el Medidor de Emociones.

...omo ausente

Tal como se expuso en la página 112, la respuesta que tu hijo dé a un medio que lo abruma puede ser el "estar como ausente". No obstante, muchos profesionales recomiendan que los niños con autismo sean evaluados por neurólogos, para descartar otras complicaciones. Si tu hijo se queda rato con la mirada fija, efectúa repetitivos movimientos con sus ojos, se queda dormido a menudo o en el medio de alguna actividad, pierde habilidades ya adquiridas, tiene convulsiones o parece como si las fuera a tener, o se queda "como ausente" bastante seguido, es imprescindible que lo lleves a consultar con un especialista en neurología.

Capítulo 7: Pensamientos

Libro de trabajo

Dibujo de Thomas Johnson, 1999
10 años

¿Qué es un pensamiento?

Un pensamiento es lo que yo veo o escucho o siento en mi cabeza...

cuando recuerdo algo que ya ha sucedido
cuando veo una imagen en mi mente
cuando recuerdo como se siente algo
cuando hablo conmigo mismo en silencio

Todos tenemos pensamientos. Los pensamientos son las palabras o imágenes o sentimientos que están también en las mentes de los demás.

Este soy yo. Yo voy a escribir algunos de mis pensamientos en la burbuja del pensamiento.

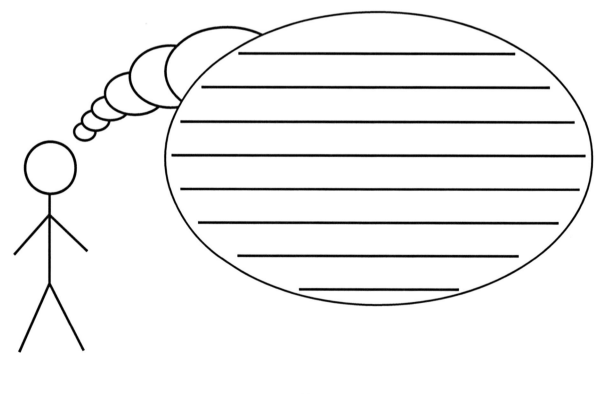

¿Quién tiene pensamientos?

Yo tengo pensamientos. Mis padres tienen pensamientos. Los hermanos y hermanas tienen pensamientos. Los abuelos tienen pensamientos. Mi maestra tiene pensamientos. Los niños de la escuela tienen pensamientos. Las personas que quizá nunca he visto antes tienen pensamientos.

Todos tenemos pensamientos

La esperanza es un sentimiento

La esperanza es un sentimiento que me hace sentir bien. La esperanza es algo que yo quiero que se haga realidad. Algunas veces se hace realidad pronto y otras veces se hace realidad mucho más tarde. Algunas veces la esperanza nunca se hace realidad. Pero pensar en ella puede sin embargo, hacerme sentir bien. Quizá haya cosas que yo pueda hacer para ayudar a que mi esperanza se haga realidad.

Yo espero que _____

_____

_____

_____

_____ .

Nadie conoce mis esperanzas si yo no se las digo o se las muestro. Yo puedo contar mis esperanzas a estas *personas que son importantes* para mí:

1. _____

2. _____

3. _____

4. _____

El miedo es un sentimiento

El miedo es un sentimiento que me hace sentir asustado o preocupado.

Todos sentimos miedo, a veces.

Algunas veces yo siento miedo porque no sé lo que va a pasar. Quizá llore, quizá grite. Quizá me quede muy quietito.

Cuando tengo miedo o cuando estoy asustado, *yo puedo hablar con alguien que se interese por mí.* Mis padres y mis maestras se interesan por mí. Pero ellos no saben si yo tengo miedo, hasta que yo se los digo, o hasta que lo escribo en un papel y se los doy para leer. Estos son los nombres de las *personas importantes* con las que yo puedo hablar cuando siento miedo.

1. _____   3. _____

2. _____   4. _____

Yo puedo hablar con una de estas personas y contarle mis pensamientos. Yo puedo contarles cuando siento miedo. Ellos no se van a burlar de mí porque yo siento miedo. Ellos me van a escuchar. **Algunas veces yo siento miedo de** _____

_____

_____

_____

_____ .

Imaginación: las cosas inventadas

Muchos niños con autismo solamente pueden pensar en las cosas que realmente pueden ver, escuchar y tocar.

Pero algunos niños con autismo de alto funcionamiento o Asperger tienen muchísima **imaginación**.

Yo voy a encerrar en un círculo o resaltar lo que se ajusta a mí.

- Yo generalmente pienso en las cosas que puedo ver, oír y tocar en el **mundo real**. No me gusta inventar.
- Yo tengo mucha imaginación.
- A mí me gusta inventar.

Tener mucha imaginación significa que mi mente está a menudo llena de pensamientos sobre cosas inventadas. Algunas veces yo puedo inventar tanto que me olvido que estoy en el *mundo real*. En el mundo real está mi hogar y mi escuela y los otros lugares y personas que conozco.

A mí me parece divertido inventar cosas. Pero a los que me rodean puede no parecerles tan divertido, especialmente cuando estoy en mi mundo imaginario. A ellos puede no gustarles inventar tanto como a mí. Ellos están en el mundo real.

Si tener mucha imaginación es para mí un problema en la escuela o en casa, entonces mi **horario** puede decirme cuando es la "hora de la imaginación". Algunas veces es la hora de inventar, y otras es la hora de estar en el mundo real.

Los pensamientos de los demás

Los demás también tienen imágenes o palabras o sentimientos en sus mentes. Ellos tienen sus propios pensamientos. Sus pensamientos son silenciosos. *Yo no puedo oír o ver o sentir los pensamientos de los demás.* Sólo *ellos* conocen sus pensamientos.

**Mis pensamientos son diferentes
de los pensamientos de los demás.**

Los pensamientos de los demás son como una caja cerrada. Yo no puedo ver lo que hay dentro de una caja cerrada. Yo no sé cuales pensamientos hay en las mentes de los demás, si ellos no me lo dicen.

¿Quién conoce mis pensamientos?

Yo conozco mis propios pensamientos. Yo puedo oír o ver o sentir mis sentimientos. Mis sentimientos están en mi mente.

**Los demás no pueden oír ni ver
ni sentir mis sentimientos.**

Mi mente es como una caja que tiene mis pensamientos dentro. Nadie los conoce aparte de mí. Algunas veces las personas pueden adivinar lo que estoy pensando, mirando mi cara y mis ojos, pero no tienen seguridad de lo que ven. Mis padres o mi maestra o cualquier otra persona no puede saber cuales son mis pensamientos si yo no se los digo.

Cuando yo le cuento a alguien mis sentimientos, es como si abriera la caja para que él pudiera ver lo que hay dentro.

Comunicarse es contarle a alguien mis sentimientos, o **escribirlos** en un papel y dárselo a mis padres o a mi maestra o a un amigo,

Para Padres y Maestros

*"¿Cómo estuvo la escuela hoy? ¿Estuvieron ensayando para la obra?" preguntó
la terapista al saludar al adolescente con Síndrome de Asperger. "TU sabes!"
le dijo el adolescente. "No, yo no sé" le replicó la terapista. "¿No sabes?" exclamó
incrédulo el adolescente.*

Supuestos

Tu hijo puede suponer que sabes lo que le ha pasado en la escuela aún
cuando tú no hayas estado allí. Puede suponer que sabes lo que está pensando.
Puede suponer que *tú* estás pensando *lo mismo* que él está pensando.

Las cosas se pueden complicar aún más, un adulto con autismo explicaba
que él a veces no sabía si había simplemente *pensado* algo o si realmente lo había
expresado en voz alta. Al recordar su niñez, se daba cuenta que muy a menudo
había creído que había hablado, y que los demás lo habían escuchado, cuando en
realidad sólo lo *había pensado*.

Conversaciones de historietas

Las conversaciones de historietas son una estrategia interactiva que puede
ser utilizada como ayuda para comprender los supuestos que tiene tu hijo respecto
a determinada situación. Esta estrategia usa las "burbujas de pensamientos" y
otros símbolos para retratar las relaciones sociales. Con lápices de colores y papel,
el niño y el adulto dibujan los pictogramas que representan al niño y a las demás
personas del entorno, y se completan las burbujas con lo que se ha dicho, con los
pensamientos y las emociones. Esta estrategia ayuda al adulto a averiguar cuales
son las percepciones y las suposiciones que hace el niño sobre los demás y sus
complejas realidades.

Carol Gray, en su libro *Social Stories UnLimited: Teaching Social Skills
with Social Stories and Comic Strip Conversations*, escribe que las conversaciones
de historietas " sistemáticamente identifican lo que las personas dicen y
hacen, haciendo énfasis en lo que *las personas pueden estar pensando…* Cada
conversación de historieta contempla los pensamientos y sentimientos de los
demás concediéndoles igual importancia que a la palabra escrita y a las acciones".
Continúa explicando que "las conversaciones de historieta proporcionan la
intuición necesaria y son un excelente prerrequisito para desarrollar una historia
social". Sobre este punto, se puede encontrar más información al final del libro, en
la sección *Fuentes Recomendadas*.

Capítulo 8: Comunicación

Libro de trabajo

Comunicarse
es natural para la mayoría de las personas

La mayoría de los niños del mundo quieren automáticamente *comunicarse*. Ellos quieren hablar y compartir sus pensamientos e ideas con otras personas. Ellos quieren escuchar lo que los demás piensan, y les gusta oír lo que están diciendo.

Comunicarse es natural y fácil para la mayoría de los niños.

- Es por esto que la mayoría de los niños, a la hora del recreo, siempre forman grupos. *Ellos charlan y se ríen y gritan.*

- Ellos juegan juntos.

- Ellos quieren sentarse todos juntos en la misma mesa en el salón

- Ellos hablan todo el tiempo a la hora del almuerzo y les gusta sentarse juntos siempre que pueden

- Ellos trabajan solos únicamente cuando la maestra les dice que *deben hacerlo*

Para mí, la comunicación puede ser diferente.
Para los niños con autismo, la comunicación no siempre es fácil, natural o divertida.

La comunicación no siempre me sale naturalmente

La mayoría de los niños con autismo quizá no quieran comunicarse con los demás cuando los ven. Ellos pueden no querer escuchar lo que alguien está diciendo. Les puede parecer que esto no es natural. Ellos quizá no sepan qué decir o cuando parar de hablar. En vez de comunicarse, ellos pueden sentirse felices haciendo *otras cosas*. Algunos niños disfrutan estando solos, o les gusta hablar y jugar con alguien que tenga sus mismos intereses.

Yo voy a encerrar en un círculo o resaltar lo que se ajusta a mí.

- Generalmente no me gusta escuchar cuando los demás hablan
- Generalmente no me gusta contestar preguntas ni hablar con los demás
- No tengo nada que quiera decir
- No me doy cuenta de cuando tengo que hablar
- Me gustaría hacer otra cosa, en lugar de hablar
- Me gusta escuchar y hablar con la gente. Me gusta comunicarme con los demás
- Algunas veces, hablar con los demás niños me resulta confuso y me cansa. No siempre resulta divertido.
- Algunas veces me gusta hablar y jugar con los demás niños
- Algunas veces me siento decepcionado cuando intento hablar con los demás
- Yo no comprendo por qué los niños dicen que _____
  _____.
- Es más divertido para mí cuando _____.

El proceso de la comunicación

El proceso de la comunicación pasa por:

- expresar mis pensamientos en **palabras**
- llamar la atención de alguien y **hablarle** con mis palabras
- **escuchar** lo que el otro dice
- **pensar** sobre lo que la persona dijo
- y regresar al primer punto…**nuevamente.**

La comunicación se mueve en un círculo, alrededor de las personas.

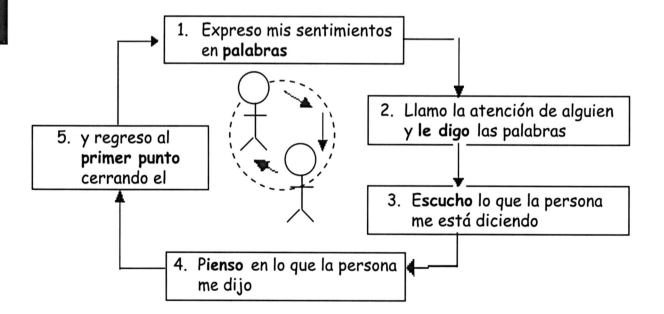

Expresar mis sentimientos en palabras

La manera más fácil de comunicarse es *hablar*. Yo hago esto cuando expreso mis sentimientos en palabras y luego le digo esas palabras a alguien que me esté escuchando, frente a mí o en el teléfono. Otra forma de comunicarse es *escribir*. Después que mis sentimientos están en el papel, yo puedo dárselo a la persona, o mandárselo por correo. También me puedo comunicar mandando un *e-mail*.

Yo voy a encerrar en un círculo o resaltar lo que se ajusta a mí.

- Generalmente me gusta hablar con las personas

- Generalmente no me gusta hablar con las personas

- Me gusta comunicarme escribiendo. Luego le doy al otro lo que escribí

- Me gusta comunicarme escribiendo un e-mail

- Me gustaría tratar de escribir para comunicarme

- Me gustaría tratar de escribir una carta

- No me gusta hablar, ni escribir

- Prefiero guardarme mis sentimientos para mí

- Generalmente no me gusta comunicarme

- Otros: _____

Para comenzar una oración

Para comenzar una oración puedo usar las expresiones que están escritas más abajo. Yo puedo consultar esta página siempre que quiera decir algo pero no sepa qué palabras utilizar. Mis padres o mi maestra pueden hacerme una copia de esta página. Si el espacio no me alcanza, puedo utilizar otras hojas. Mis padres o mi maestra también pueden ayudarme a escribir otras expresiones para comenzar una oración.

Yo quiero _____.

Por favor, ayúdame a _____.

La maestra dijo que _____.

En la escuela yo . _____

¿Qué significa _____?

Alguien dijo que _____.

Yo estoy pensando _____.

Es cierto que _____.

Yo deseo que _____.

Yo estoy feliz porque _____.

Yo no entiendo _____.

Asegurarme que alguien me escuche

Una parte muy importante de la comunicación es llamar la atención de la persona. Para que la comunicación pueda ocurrir, yo tengo que asegurarme que la persona esté lista para escucharme. Yo tengo que asegurarme que está prestando atención.

Algunos niños con autismo pueden pensar que cuando hablan, alguien siempre los está escuchando, *pero esto no siempre es verdad.* La otra persona puede no estar escuchando porque está ocupada, o pensando en otra cosa, o hablando con alguien más.

Cuando yo hablo, la otra persona puede no escuchar lo que yo estoy diciendo. Para que la comunicación pueda ocurrir, yo necesito estar seguro de que la otra persona está lista para escucharme.

¿Cómo me doy cuenta si mis padres o mi maestra me están prestando atención y están listos para escucharme?

- Están **listos para escucharme** si recién me han hecho una pregunta y me están mirando.

- Generalmente, si están parados cerca de mí y si sus ojos están mirando hacia donde yo estoy, es porque **están escuchando**.

- Si están **hablando**, entonces es que **no están listos para escucharme**.

Comunicación

- Algunas veces mis padres o mi maestra están parados cerca de mí, pero **pueden estar haciendo otra cosa o hablando con alguien más**. Entonces yo necesito esperar hasta que él o ella estén listos para hablar conmigo.

- Antes de hablar puedo intentar ver en qué dirección están mirando los ojos de la persona, y ver **si está mirando a alguien más que esté hablando**. Si es así, significa que está ocupada escuchando al otro. Aún no está lista para escucharme a mí. Entonces necesito esperar mi turno.

- Si una persona está hablando por teléfono o tiene el auricular junto a su oído, es porque está teniendo una **conversación telefónica**. Aún no está lista para escucharme a mí. Entonces necesito esperar mi turno.

- Si no estoy seguro de cuanto tiempo debo esperar, entonces puedo tocar el hombro de la persona y decirle en voz baja:

  Disculpa, tengo algo que decirte.
  Por favor, dime cuando estés lista para escucharme.

- Ahora puedo **esperar tranquilo** hasta que la persona me diga que está lista para escucharme.

A algunos niños les gusta comunicarse escribiendo en un papel o en la computadora.

Yo voy a encerrar en un círculo o resaltar lo que se ajusta a mí.

A mí me gustaría:

- Escribir con lápiz o lapicera en un papel

- Escribir en la computadora e imprimir después lo que escribí

- Escribir un E-mail en la computadora

- Tener una conversación hablando con las personas

Si me gusta comunicarme escribiendo, debo acordarme de dar a la persona lo que le escribí.

Yo puedo...

darselo a la persona en la mano, o

ponerlo en un sobre y mandarlo por correo, o

mandar un E-mail.

Comunicación

¿Con quién me puedo comunicar?

Quizá yo tenga algo que quiera decir, pero no sepa con quien hablar.

Estos son los nombres de los niños y de los adultos con quienes me puedo comunicar:

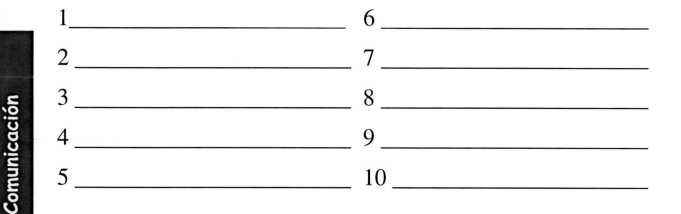

1_____   6 _____

2_____   7 _____

3_____   8 _____

4_____   9 _____

5_____   10 _____

Pueden haber otras personas. Si hay, puedo escribir sus nombres aquí:

_____

_____

_____

_____

_____

_____

Comunicación

Escuchar y responder a lo que el otro está diciendo

La comunicación no consiste solamente en hablar o escribir. Una parte muy importante de la comunicación es el escuchar. Cuando la otra persona está hablando, *yo trato de prestar atención a lo que el o ella está diciendo.*

Mientras estoy escuchando, trato de entender lo que se está diciendo. Si no lo entiendo, puedo decir:

> No entiendo lo que me quieres decir.
> Por favor, explícamelo nuevamente.

Por más ayuda, consultar el Capítulo 6

Después de pensar en lo que la persona dijo, llega mi turno de hablar. **Responder** es cuando digo algo después de pensar en lo que la persona dijo.

Cuando mis padres o mi maestra o mi amigo nos escuchamos y nos respondemos, entonces es que estamos **conversando**.

Me gusta conversar sobre _____

_____

_____

_____.

Comunicación

Por qué las conversaciones me confunden

Algunas veces una conversación puede confundirme.

Yo voy a encerrar en un círculo o resaltar lo que se ajusta a mí.

Una conversación me puede confundir porque:

- No comprendo lo que la persona me está diciendo
- Me resulta difícil mirar a la persona a los ojos cuando estoy hablando o escuchándola.
- Yo no sé cuando me toca hablar a mí.
- Prefiero estar pensando en otra cosa.
- Las personas son impredecibles, yo me sorprendo con lo que dicen.
- Hay demasiados estímulos sensoriales (sonidos, luces, contactos…)
- Yo no siempre estoy de acuerdo con lo que dicen, esto me hace enojar.
- La persona se ríe, pero yo no sé por qué.
- La persona se está burlando de mí.
- Yo no entiendo por qué tengo que hablar.
- Yo no tengo nada más que decir.
- Es difícil poner mis pensamientos en palabras.
- La otra persona no me comprende.
- Yo soy más listo que los demás.
- Yo no sé con quien hablar ni quien me está hablando.
- Yo no sé cuando empezar o cuando terminar de hablar.
- La otra persona no está interesada en lo que le estoy diciendo.
- Quizás yo diga cosas tontas.
- Otros: _____.

Hablar demasiado

Algunos niños hablan mucho y otros hablan poquito.

Algunos niños **hablan demasiado**. Hablan tanto que nadie más tiene oportunidad de hablar. No escuchan lo que los demás están diciendo. No saben cuando parar de hablar.

Es muy difícil para la mayoría de las personas tener una conversación con alguien que habla demasiado. Generalmente, no es divertido para nadie estar con alguien que habla demasiado.

Si mis padres o mi maestra piensan que yo hablo demasiado, entonces podemos tratar de entender la razón.

Yo voy a encerrar en un círculo o resaltar lo que se ajusta a mí.

Quizá yo hable demasiado porque:

- Yo no sé cuando se supone que debo parar de hablar.
- Me gusta hablar de mis temas preferidos.
- Me gusta demostrar lo listo que soy.
- Me gusta la gente que es como yo.
- Pongo mucho entusiasmo en lo que estoy diciendo.
- Me siento preocupado, nervioso o alterado.
- No me gusta cambiar de tema en la conversación.
- No me gusta que la otra persona hable de algo distinto.
- Otros:_____.

Repetir la misma pregunta

La mayoría de los niños hacen preguntas. Cuando les responden la pregunta, ellos no la vuelven a repetir.

Algunos niños con autismo nunca hacen preguntas, pero algunos niños con autismo repiten la misma pregunta una y otra vez. *Si yo hago la misma pregunta una y otra vez, trataremos de entender la razón.*

Yo voy a encerrar en un círculo o resaltar lo que se ajusta a mí.

Yo puedo hacer la misma pregunta una y otra vez porque:

- Me gusta escuchar la respuesta
- Me gusta saber si me van a dar la misma respuesta que la vez anterior
- Estoy preocupado o ansioso
- Me gusta mirar la cara de la persona cuando me responde
- Es divertido hacer la misma pregunta otra vez
- No me acuerdo de la respuesta
- No entiendo la respuesta
- Me gustaría preguntar algo más, pero no encuentro las palabras para hablar
- Otros: _____

Una de las preguntas que me gusta hacer es: _____
_____?
Generalmente la respuesta es: _____
_____.
_____

No Hablar

Algunos niños con autismo son muy poco habladores. Ellos están muy quietos en la escuela o cuando están con ciertas personas. Quizá no les gusta hablar de determinados temas. Se dice que son *niños tranquilos*.

Algunas veces los padres y los maestros se preocupan porque el niño está demasiado tranquilo y se preguntan por qué no habla. Ellos quieren que el niño hable más. Ellos quieren saber lo que el niño está pensando y sintiendo.

Si mis padres o mi maestra dicen que yo no hablo lo suficiente o que a veces no hablo nada, podríamos intentar comprender el por qué.

Yo voy a encerrar en un círculo o resaltar lo que se ajusta a mí.

Yo soy un niño tranquilo porque:

- Hay muchas cosas sucediendo al mismo tiempo
- Me siento preocupado, ansioso, nervioso o enojado
- Este no es el lugar adecuado para hablar
- Esta no es la persona adecuada para hablar
- No sé cuando tengo que hablar
- No tengo motivos para hablar
- Me gustaría escribir, en vez de hablar
- Otros:_____.
- Otros:_____.

Voy a completar los espacios si conozco lo que se ajusta a mí.

Acerca de hablar con determinadas personas:

No me gusta hablar con_____ .
Me gusta hablar con _____ .
Voy a hablar con _____ .
Me gusta hablar con _____ .
Otros: _____ .

Acerca de ciertos temas o ideas:

Me gusta hablar de _____ .
No me gusta hablar de _____ .
Otros: _____ .

Yo no hablo porque _____

_____
_____ .

Formas de hablar

Hay diferentes estilos y formas de hablar.

Las personas nacen en diferentes regiones geográficas, y por eso pueden tener un acento distinto o utilizar un dialecto diferente.

Las personas que hablan castellano pertenecen a muchos países y por eso tienen acentos y entonaciones distintas. Las personas que viven en Latinoamérica hablan distinto de aquellas que viven en España. Y dentro de España también hay personas que hablan en otros idiomas o dialectos, como el catalán, el gallego, el vasco.

Algunos niños con autismo tienen una forma distinta de hablar que el resto de las personas que los rodean. **Yo puedo pedirle a alguien que me ayude a completar lo que se ajusta a mí. Mi estilo de hablar es:**

- Formal
- Suave o tranquilo
- Alto
- Con un ritmo mecánico
- En falsete
- Monótono
- Rápido
- Lento
- Con un acento diferente al resto de mi familia
- Otros: _____.

Yo soy la única persona que habla así. !Está bien!

Terminar una conversación

Algunas conversaciones que la gente sostiene son cortas, pueden durar menos de un minuto. Otras conversaciones son más largas, las largas pueden durar una hora o más.

Para una persona con autismo puede ser difícil **saber cuando debe terminar una conversación**.

A mí me puede gustar tanto hablar de mi tema preferido, que puedo seguir hablando y hablando sin parar. Quizá no me doy cuenta que la otra persona ya no me escucha o que quiere hacer otra cosa.

Algunas veces, la *otra persona habla demasiado* y no se da cuenta que yo no comprendo lo que me están diciendo. Yo no sé como detenerla.

Cada conversación es distinta y cada persona también. La misma persona puede querer hablar poco una vez, y hablar mucho otras veces.

- Mis padres o mi maestra o alguien más pueden ayudarme a practicar *cómo terminar una conversación*.

- Si yo hablo demasiado, puedo aprender a preguntar: *¿Es hora de terminar esta conversación?*

- Si no quiero escuchar ni hablar, puedo decir amablemente: *"Por favor, ahora no puedo hablar ni escuchar."*

Hablar conmigo mismo

La mayoría de las personas hablan cuando quieren comunicarse con alguien. La mayoría no habla en voz alta si no hay alguien que le escuche. Pero a algunos niños les gusta **hablarse a sí mismos**. Mis padres o mi maestra me pueden decir yo hablo solo en voz alta, conmigo mismo.

Yo voy a encerrar en un círculo o resaltar lo que se ajusta a mí.

Si yo hablo conmigo mismo, puede ser porque:

- No me doy cuenta que estoy hablando en voz alta
- Estoy repitiendo algo que ya escuché
- Estoy diciendo palabras o sonidos que me gustan
- Estoy diciendo lo que estoy pensando
- Estoy aprontándome para hablar con alguien. Estoy practicando.

Si otros niños me escuchan hablar solo en voz alta, pueden reírse de mí. Esto no significa que yo esté mal o equivocado. Ellos se ríen porque la mayoría de las personas no hablan solas en voz alta, y por eso no están acostumbradas a escuchar a alguien haciendo eso.

Si quiero parar de hablar conmigo mismo, puedo intentar:

- Susurrar
- Pensar las palabras, en lugar de decirlas en voz alta
- Escribir mis pensamientos en un papel o en la computadora
- Hablar conmigo mismo en un lugar donde nadie me pueda escuchar

Comunicación

Pedir ayuda

Para la mayoría de los niños resulta fácil pedir ayuda. Una de las primeras cosas que un bebé aprende es a llorar para que alguien venga en su ayuda. Muy pronto aprenden a pedir ayuda señalando lo que desean y luego piden ayuda hablando. La mayoría de los niños consideran que es fácil pedir ayuda cuando la necesitan.

Para los niños con autismo, esto puede ser diferente. A algunos niños con autismo *no les gusta* pedir ayuda. Otros no saben *cómo* o *cuando* pedir ayuda. Algunos niños con autismo no se dan cuenta que pueden obtener ayuda o que *hay alguien que puede ayudarlos*. Algunas veces pueden necesitar ayuda pero no quieren pedirla, porque creen que eso significa que son estúpidos. Otras veces un niño puede pedir ayuda *todo el tiempo*, aunque realmente no la necesite.

Pedir ayuda no significa que yo soy estúpido. Todos los niños han pedido ayuda en alguna ocasión. **Es bueno pedir ayuda cuando**:

- No comprendo lo que alguien me está diciendo
- No comprendo lo que quieren que yo haga
- Yo sé lo que tengo que hacer, pero no puedo hacerlo
- He hecho mi mayor esfuerzo por hacer algo sin ayuda, pero no me sale

----

Yo puedo acordarme de decir: **¿Por favor, puedes ayudarme?**

Yo puedo recortar este cartel y pegarlo en mi escritorio, para que me ayude a recordar como pedir ayuda

Ser honesto y cortés

Ser honesto significa decir la verdad. Es muy bueno decir la verdad. Cuando mis padres o mi maestra me hacen una pregunta, es importante que conteste diciendo la verdad.

Sin embargo, algunas veces yo digo la verdad, pero puedo herir los sentimientos de la persona que me escucha. **Ser cortés** significa no decir algo que pueda herir los sentimientos del otro.

No es agradable ni cortés decirle a alguien que es:

- gordo, flaco, feo o tonto
- su cabello es raro, o es pelado
- tiene ropa extraña o fea
- Otros:_____.
- Otros:_____.

Mis padres o mi maestra o algún amigo me pueden ayudar a hacer una lista con las cosas que no debo decir porque no son agradables ni corteses. Aunque sean verdad, yo no debo decirlas en voz alta.

Yo puedo ser honesto y decir la verdad, pero debo intentar *no herir los sentimientos de los demás*. Yo puedo ser *cortés*.

Es difícil saber cuales son las palabras que pueden herir los sentimientos de una persona. Si yo quiero decir algo, pero no estoy seguro de si estoy diciendo algo cortés, puedo comenzar diciendo:

No quisiera herir tus sentimientos, pero...

_____

(y entonces digo lo que quería decir)

Si comúnmente digo cosas que no son corteses, mis padres o mi maestra o mis amigos pueden ayudarme a hacer una lista con las cosas que debo acordarme de no decir. *Yo voy a intentar no decir:*

1._____

2._____

3._____

4._____

5._____

Si hay más cosas que debo evitar decir, puedo escribirlas en otra hoja.

Humor

Cuando las personas tienen sentido del humor, eso significa que dicen y disfrutan haciendo cosas divertidas. Las personas que tienen un *buen sentido del humor* pueden incluso reírse de ellas mismas. Existen muchas clases de humor. Yo voy a pedirle a mis padres o a mi maestra que me ayuden a completar las siguientes oraciones:

- **Una payasada** es el tipo de humor que se ve generalmente en los dibujos animados y en algunas películas. *Los Tres Chiflados* son famosos por sus payasadas. Una payasada que he visto y que me gusta mucho es : _____.

- A veces una persona dice algo en un tono **muy serio**, pero en realidad están diciendo algo **muy divertido**. Yo conozco a alguien así, su nombre es: _____ _____.

- **Una exageración** es cuando algo se cuenta agrandado, para que parezca más divertido. Por ejemplo:_____ _____.

- **El sarcasmo** es una forma de humor que puede ser muy cruel. Puede herir los sentimientos de una persona. _____ es una persona que conozco y que a veces dice cosas sarcásticas.

- Los chistes y las rimas son frases que memorizamos para divertir a los demás. Si yo tengo un chiste o una rima favorita, la puedo escribir aquí: _____

_____

_____

_____

_____

Comunicación

No todas las personas se ríen de mis chistes. Distintas personas se ríen de distintas cosas.

Yo voy a encerrar en un círculo o resaltar lo que se ajusta a mí.

- Algunas veces intento decir algo divertido o hacer un chiste, pero nadie se ríe.
- Algunas veces hago reír a la gente, aún sin quererlo. Yo no entiendo por qué se ríen. Yo no estaba contando un chiste.
- Algunas veces me río cuando escucho o digo algún sonido en particular, o alguna palabra, frase o pregunta.
- Algunas cosas que me hacen reír son: _____

_____

_____

_____

Por qué las personas ríen
si yo no estoy contando un chiste

Hay veces en que un niño dice algo que no es un chiste, pero otros niños y adultos se ríen de lo que dijo.

Yo voy a resaltar o encerrar en un círculo lo que se ajusta a mí

- Algunas veces la gente se ríe de lo que digo, pero yo no estoy contando ningún chiste ni tratando de ser divertido.
- No me gusta cuando la gente se ríe de algo que no es un chiste.
- Cuando la gente se ríe, yo me siento confundido.
- A mí me gusta cuando la gente se ríe, aunque yo no comprendo la razón. Igual me hacen reír.

La gente puede reírse cuando escucha algo inesperado. Se sorprenden. Los hace reír. Muchos niños con autismo piensan y hablan *literalmente*. Algunas veces las cosas dichas en sentido literal también pueden ser divertidas.

Si la gente se ríe, no necesariamente se está riendo de mí. Puede ser que les guste estar conmigo. Si me siento confundido y no sé por qué alguien se está riendo, puedo decir:

Cuéntame qué es tan divertido.

Comunicándome a través del arte

A algunas personas les gusta comunicarse a través del arte. Ejemplos de arte son el dibujo, la pintura, el canto, el baile, el teatro, tocar un instrumento musical y escribir historias o poesía. **Yo voy a marcar lo que se ajusta a mí.**

- Me gusta hacer arte. Me gusta _____.
- Yo trato de *comunicar mis ideas* a través del arte. Me gusta que los demás comprendan mi arte.
- Mi arte no es para comunicarme con los demás. *Yo no* estoy tratando de expresar mis ideas a nadie. Es simplemente que disfruto haciéndolo.
- A mí no me gusta hacer arte.

Si yo trato de expresar mis ideas y pensamientos a través del arte, debo recordar que las personas que oigan o vean lo que hago pueden tener sus propias maneas de pensar. Cuando oyen o leen o miran lo que hago, sus ideas pueden ser distintas de lo que yo quería decir. Ellos no siempre comprenden con exactitud lo que yo estoy tratando de expresar.

Si yo quiero que mis padres, maestra o amigos sepan que algo es importante, yo necesito hacer una de estas cosas:

1. Ponerlo en palabras y **decirlas** a la persona
2. **Escribir** las palabras en un papel, y dárselo a la persona
3. **Escribirlo en la computadora**, imprimirlo y dárselo a la persona
4. Enviar el mensaje por **correo** o por **e-mail** a la persona

Para Padres y Maestros

Al examinar un incidente ocurrido en el trabajo, que resultó ser causado por falta de comunicación entre su compañero de tareas y él, John Engle dijo que su compañero...

"hacía mucho barullo. Eso es lo que la gente hace. Realmente, yo no sé por qué se supone que debo responder, ni cómo debo responder. ¿Qué se supone que debo decir ?

Yo creo que no me rigo por las mismas reglas que los demás."

Ideas en este capítulo

- El lenguaje y la comunicación son dos cosas diferentes
- Ser verbal no significa necesariamente ser comunicativo
- Diferencias importantes desde temprana edad
- Evaluación del habla y del lenguaje
- Uso de este libro
- Experimentar escribiendo y con la computadora
- Proporcionar ayuda escrita
- Facilitar una conversación

El lenguaje y la comunicación son dos cosas diferentes

Comunicarse implica mucho más que haber desarrollado habilidades verbales. Muchos niños con autismo desarrollan estas habilidades verbales sin haber logrado aprender a comunicarse. Aprender a decir una palabra no significa automáticamente adquirir la capacidad de comunicarse. Un ejemplo muy común es el del niño con autismo que repite un comercial de memoria, o recita el diálogo que escuchó en un dibujo animado, pero rara vez utiliza estas habilidades verbales para intentar comunicarse.

En los niños pequeños que no tienen autismo, la adquisición del lenguaje y la comunicación se da simultáneamente. Ellos utilizan efectivamente las palabras como medios de comunicación.

Ser verbal no significa necesariamente ser comunicativo

La mayoría de los niños con autismo de alto funcionamiento, incluyendo aquellos con habilidades de lenguaje sumamente desarrolladas, presentan baches en su conocimiento y comprensión de los aspectos esenciales de la comunicación y de la conversación. Las habilidades de comunicación social se muestran retrasadas al compararlas con el desarrollo verbal global, aún en el caso de niños muy verbales.

Las funciones comunes de la comunicación presentan dificultades, como por ejemplo en la capacidad de captar la atención de alguien, de iniciar una conversación, de mantener una conversación elaborando respuestas adecuadas, en la construcción de un hilo conductor, y
en la capacidad de interactuar recíprocamente con los demás.

Diferencias importantes desde temprana edad

Las habilidades y actitudes que construyen el eje de toda comunicación emergen, en el caso de los niños típicos, a temprana edad, desde el nacimiento a la primera infancia, cuando el niño comienza a caminar. Se estima que la distancia a la que el bebé puede ver no pasa de
30 centímetros, que es la distancia que hay entre sus ojos y los ojos de su madre mientras lo acuna en sus brazos. Durante los dos primeros años de vida, la mayoría de los niños aumentan su distancia visual, y utilizan el contacto visual y los gestos para comunicarse, interactuar socialmente y satisfacer sus necesidades.

Estos comportamientos comunicativos se dan en forma natural y de manera fácil. A la mayoría de los bebés no se les tiene que enseñar expresamente a comunicarse. Ya desde el nacimiento se encuentra en su cerebro este mecanismo tan especial que desencadena su capacidad de relacionarse con los demás, de percibir su mundo desde múltiples perspectivas, y que lo va introduciendo en la compleja trama de la interacción social. La capacidad de comunicarse resulta de la conjugación final de un elaborado conjunto de comportamientos versátiles y de percepciones. Las funciones de un cerebro neurotípico -no autista- son las que conducen a este proceso de manera tan fácil y natural.

Los distintos estilos de comunicación que se aprecian en niños con autismo son el resultado de la manera en que el cerebro funciona, ya desde la infancia. El autismo conlleva una manera especial de pensar, de atender y de aprender. Quizá las experiencias sensoriales de estos bebés son tan abrumadoras, entretenidas, divagantes o perturbadoras, que prevalecen por sobre la necesidad del bebé de comunicarse. Quizá estos niños y bebés prestan más atención a los detalles aislados e inconexos, perdiendo así la percepción de la relación que existe entre estos detalles. Quizá están tan absortos en un solo aspecto de la cuestión que no son capaces de considerar otros factores que están en el entorno. Ya en su primera infancia el niño con autismo demuestra que no es capaz de establecer una conexión entre sus necesidades y su conducta espontánea y dirigida a obtener un fin. Para ellos, actividades tan simples como llamar la atención de alguien y señalarle algo, o comenzar una conversación, se transforman en tareas que implican conceptos muy alejados de su realidad.

A través de informaciones aportadas por padres cuyos bebés fueron posteriormente diagnosticados con autismo, podemos saber que estos bebés eran extremadamente pasivos. Otros, por el contrario, eran más inquietos y lloraban sin consuelo. Los esfuerzos de sus madres resultaban infructuosos a la hora de reconfortarlos y calmar su llanto. ¿Quién puede imaginar lo que un bebé con autismo experimenta en el mundo que lo rodea, y qué sentido le encuentra ?. *Es pues, con razón, que los adultos con autismo han señalado que el mundo se rige con unas reglas que no han sido hechas para ellos.*

Evaluación del habla y del lenguaje

Una foníatra o fonoaudióloga debe estudiar cuidadosamente el uso pragmático del lenguaje que tiene el niño, así como su capacidad de comunicarse a diario. ¿ Cuáles son las áreas que necesitan más enseñanza y práctica? Ella podrá colaborar par que tu hijo comience a darle a las palabras su verdadero sentido.

Uso de este libro

Repasa con tu hijo las partes de este capítulo que le han resultado difíciles de comprender. Puedes agregar un tiempo en su horario para revisar algunos puntos en especial.

Con el libro abierto, identifica y revisa los elementos básicos de toda comunicación y conversación, y relaciónalos con ejemplos de la vida real de tu hijo.

Experimentar escribiendo y con la computadora

Ten a mano siempre lápiz y papel, o una computadora lista con su impresora. Durante el tiempo libre, de descanso o de recreo, experimenta en comunicarte a través de la escritura. Hazlo con la suficiente asiduidad como para que se torne familiar para tu hijo. Ayúdalo a que se acostumbre a escribir en variadas ocasiones, con diversos motivos, solo con un fin de diversión. *Practicando de esta manera, asidua y frecuente pero informal, lograrás que tu hijo, llegado un momento real y difícil, pueda expresarse y comunicarse.* Cuando no logre comunicarse verbalmente, se resista a hacerlo, o sus intentos de comunicación resulten infructuosos, las herramientas de la comunicación escrita que ha adquirido practicando contigo le serán de inapreciable ayuda.

Existen ocasiones en las que tu hijo necesita (o se espera) comunicarse, pero es incapaz de hacerlo de la forma apropiada. Ofrécele entonces un lápiz y un papel. *Libre de las complejidades que implica el hablar cara a a cara con alguien,* puede descubrir que esta manera de comunicarse es la más cómoda para él. Puedes ayudarlo escribiendo el comienzo de la oración, como ya se ha mostrado antes en este capítulo. *Permite que su atención se centre en el papel, en la palabra escrita, y no en tí.* **El contacto ocular no es importante cuando se utiliza esta estrategia.**

Proporcionar ayuda escrita

Puedes proporcionar algunas claves escritas a tu hijo, si este presenta problemas al comunicarse espontáneamente, si no sabe llamar a alguien, si no pide ayuda ayuda para hacer algo que quiere o necesita. Por ejemplo, supongamos que tu hijo no pide ayuda cuando la necesita. Probablemente se quede sentado quieto, sin hacer nada. Quizá se quede trancado en medio de cierta actividad porque no sabe como continuar. Puede sentirse entonces muy frustrado, ansioso o nervioso. Las siguientes ideas son ejemplos de ayuda escrita que lo pueden impulsar a comenzar una conversación. El nivel de estructura y especificidad varían en cada ejemplo. Tu hijo necesitará más o menos estructura, dependiendo de la situación y de cómo el se sienta en ese momento. Puedes intentar con una o más de las siguientes ideas:

1. Escribe una regla.

Sé conciso, específico y concreto. Pégala en un lugar donde pueda verla.

> Cuando yo no entiendo lo que hay que hacer,
> puedo levantar mi mano y pedir ayuda.

2. Escribe una lista con las oraciones que lo puedan ayudar.

Haz que la revise frecuentemente, especialmente previo a darse la situación. Si es necesario, pégala donde se necesite.

> Yo puedo pedirle ayuda a mi maestra, cuando la necesito.
> Yo puedo decir: "Por favor, ayúdame" o
> "Puedes ayudarme, por favor" o
> "No entiendo lo que tengo que hacer ahora."

3. Escribe una tarjeta con las palabras exactas a utilizar en una situación específica.

Pon la tarjeta en un lugar adecuado. Cuando veas que necesita ayuda, señálale la tarjeta para que la lea. Asegúrate que esté dirigida a una persona que lo pueda ayudar. Por ejemplo, la siguiente tarjeta se puede colocar en la pared interior de su locker escolar.

> Por favor, ¿me ayudarías con el cierre de mi campera?

4. Completa la ayuda escrita con una historia social para esclarecer la situación.

Describe la situación en forma directa, desde la perspectiva del niño. Describe también la perspectiva de otras personas directamente involucradas. La historia social puede ayudar al niño a interpretar con más exactitud lo que está sucediendo, y ayudarlo a que comprenda lo que debe hacer. Haz que lea la historia con antelación y tenla a mano para leerla nuevamente.

Pedir ayuda con mi campera azul de invierno

Nuestra clase sale al patio de recreo casi todos los días. Hay días en que hace mucho, mucho frío. Yo mi pongo mi campera azul. Yo trato de cerrar el cierre y a veces puedo hacerlo solo. Pero otras veces el cierre de mi campera se atasca. Cuando se atasca, por más que trate y trate, no consigo zafarlo.

Cuando los niños de la clase se aprontan para salir al recreo me dicen "Apúrate". Me dicen que me apure porque están contentos de salir al recreo. Pero no se puede salir hasta que todos, incluyéndome a mí, estemos listos, formando la fila. Pero yo no quiero parame en la fila hasta que no suba el cierre de mi campera. Algunas veces me pongo nervioso y empiezo a llorar. Otras veces me enojo cuando me dicen "Apúrate".

Cuando el cierre se atasca, debo tratar de acordarme de pedir ayuda. Puedo ir donde está mi maestra o la asistente y decirle "Me puede ayudar, por favor. Mi cierre está atascado." Entonces ella me subirá el cierre y yo puedo ponerme en la fila. Ahora sí, toda la clase incluyéndome a mí, podemos salir al recreo.

Facilitar una conversación

Investiga las maneras como puedes retratar visualmente una conversación, para que él pueda ver la reciprocidad, la "ida y vuelta" de la interacción social, las relaciones y conexión existentes entre las varias oraciones que componen una conversación. Utiliza medios que estructuren y proporcionen orden a los aspectos potencialmente confusos, divagantes o molestos de una conversación, como ser:

Usa la computadora

Mantén una conversación utilizando la computadora, sentado junto a tu hijo. Tomen turnos para escribir y hablar simultáneamente. Miren el diálogo a medida que éste va apareciendo escrito en la pantalla.

E-mail

Así como muchos compañeros en la oficina mantienen un diálogo a través del e-mail, tu hijo también puede valerse de este medio para crear y mantener una conversación contigo y con sus amigos.

El juego del sombrero

Este juego consiste en mantener una conversación sobre un tema predeterminado. Se ponen papeles escritos con distintos temas dentro de un sombrero o de una bolsa. Los temas deben incluir bastantes de los preferidos por tu hijo, así como otros mas variados. Elabora reglas que estén acordes a las necesidades tan especiales de tu hijo. Una de las reglas puede ser el charlar sobre determinado tema por cierto período de tiempo. Una variación de esto puede ser el que la persona a la cual le toque el turno elabore una serie de preguntas y/o respuestas sobre el mismo tema, antes de pasar al siguiente.

Conversaciones de historietas

Como se presentó en la página 129, esta estrategia combina la representación visual de la conversación junto a los pensamientos no expresados de los protagonistas. Se puede ajustar esta estrategia a las necesidades de tu hijo. Carol Gray ha descrito las Conversaciones de historietas como "el arte de la conversación". Consulta la parte de *Fuentes Recomendadas* que está al final del libro, para obtener más información sobre este tema.

Capítulo 9 : La Escuela

Libro de trabajo

Dibujo de Maria White, 1999
21 años

Diferentes tipos de escuelas

La mayoría de las grandes ciudades y pueblos tienen varios tipos de escuelas. Las guarderías son para niños muy pequeños. Luego está el jardín de infantes, o kindergarten. Cerca de los 6 años comienza la escuela primaria, que dura 5 o 6 años. Después el liceo, y el bachillerato o pre-universitario.

Hay escuelas públicas y escuelas privadas. Hay escuelas parroquiales. También hay niños en algunos países que no van a la escuela, sino que les enseñan en la casa.

Yo voy a encerrar en un círculo o resaltar lo que se ajusta a mí.

- Yo voy a una escuela pública. Estoy en _____ grado.
- Yo voy a una escuela privada. Estoy en _____ grado.
- Yo voy a una escuela parroquial. Estoy en _____ grado.
- Me enseñan en casa, no voy a ninguna escuela.
  Mi maestra es _____.
- Otros: _____.

Las ideas en este capítulo me pueden ayudar a aprender, a sentir que es lindo saber cosas nuevas, no importa el tipo de escuela al que asisto.

Saber lo que pasará hoy

A la mayoría de los niños les gusta saber lo que van a hacer en la escuela. Después que me acostumbro a la nueva maestra, generalmente me acuerdo de lo que vamos a hacer en la clase. Pero a veces las cosas pueden *cambiar*.

Yo voy a encerrar en un círculo o resaltar lo que se ajusta a mí.

- A menudo las maestras anuncian lo que vamos a hacer durante el día, pero yo **no siempre entiendo** lo que están diciendo.
- A veces **me parece** que vamos a hacer alguna cosa, pero en realidad **hacemos otra distinta**.
- A veces **no hacemos lo que estaba previsto** y yo no sé por qué.
- Mis compañeros y mis maestras saben lo que vamos a hacer, sin embargo algunas veces yo me siento **confundido**.
- Yo me pregunto cuando llegará la hora de hacer lo que a mí me gusta.
- Yo generalmente le **pregunto** a mi maestra cuando vamos a hacer determinada cosa.
- Yo le **digo** a mi maestra cuando se supone que vamos a hacer determinada cosa. Yo me preocupo o me enojo si no la hacemos a la hora prevista.
- Me gustaría poder saber cuando vamos a hacer determinada cosa.

Si tengo un horario, puedo ver **lo que** vamos a hacer, y **cuando** lo vamos a hacer. Yo puedo usarlo todos los días.

Para Padres y Maestros: consultar información detallada sobre el uso del horario en las páginas 36 a 49.

Un lugar donde trabajar

Todos tenemos un lugar donde trabajar.

Algunas maestras dejan que los niños elijan donde sentarse. Algunas veces los niños se sientan donde quieren, alrededor de una mesa larga, con otros niños. Otras veces se sientan cada día en lugares distintos.

Algunas veces, los niños tienen sus propios escritorios. Los escritorios se pueden poner uno al lado del otro, formando un grupo.

En otros salones, los escritorios están puestos en filas, y no se tocan uno con otro.

Algunos niños siempre trabajan en su propio escritorio. Otros niños trabajan cada vez en diferentes escritorios.

Algunos niños van a un lugar especial para trabajar. Puede ser un escritorio como todos los demás, o puede estar rodeado de una mampara. Algunas veces llamamos a este escritorio la oficina.

La maestra decide como se van a colocar los escritorios en el salón. A veces ella los cambia de lugar.

En la *escuela*, yo trabajo en _____

_____.

En *casa*, yo trabajo en _____

_____.

Mi propia oficina

Una oficina es un lugar especial donde trabajar. La directora de la escuela trabaja en una oficina. Muchas personas mayores trabajan en oficinas. Quizá alguno de mis padres trabaja en una oficina. Las oficinas son buenas para trabajar. Las oficinas ayudan a las personas a trabajar mejor.

Yo puedo tener un tipo especial de oficina en la escuela. Mi oficina está hecha con tres cartones que hacen de paredes sobre mi escritorio. Las paredes de mi oficina me ayudan a concentrarme en mi trabajo, en vez de distraerme con las cosas que me rodean.

Así es como se ve mi oficina.

Mi maestra puede buscar el mejor lugar donde poner mi oficina. Yo puedo probar varios lugares hasta que encontremos el mejor lugar para ponerla. Mi oficina puede estar:

- *En mi escritorio.* Yo puedo instalar las paredes de mi oficina cuando voy a trabajar, y sacarlas cuando termino el trabajo.

- *En un escritorio distinto al mío en el salón*, se puede usar un escritorio solamente como oficina.

- *En un escritorio que esté fuera de mi salón* donde haya tranquilidad.

- *En un escritorio que esté en otra clase.*

Otros niños de mi clase también pueden usar oficinas. Las oficinas los ayudan a hacer concentrarse en sus tareas.

En mi salón, yo tengo _____

_____.

Mi horario me muestra cuando llega la hora de trabajar en mi oficina. Yo puedo trabajar en mi oficina muchas veces al día.

La Escuela

¿Por qué puede ser difícil trabajar de forma independiente?

Trabajar de forma independiente significa que el niño hace el trabajo por sí mismo, sin tener a alguien al lado que le diga qué hacer. *Los niños tienen que recordar cuáles son las tareas que deben hacer, cuándo hacerlas, cómo hacerlas, dónde ir cuando están terminadas, y qué hacer a continuación.* Trabajar de forma independiente puede ser bastante difícil para los niños que tienen autismo.

Yo voy a encerrar en un círculo o resaltar lo que se ajusta a mí.

Puede resultarme difícil trabajar de forma independiente, porque:

- Hay muchas cosas para recordar
- Yo no sé por donde comenzar
- Yo no sé que hacer primero y que hacer después
- Yo no sé cómo hacer el trabajo yo solo
- Hay mucho ruido en el salón o en el pasillo
- Yo estoy ocupado mirando y escuchando a los otros niños que están en mi salón
- Yo estoy preocupado porque me parece que mi trabajo es muy largo
- Yo voy a esperar hasta que alguien venga a ayudarme
- Hay mucho para hacer
- Yo estoy pensando en _____.
- Yo quisiera saber que va a pasar después
- Me gustaría hacer otra cosa
- Otros: _____.

El esquema de trabajo me ayuda a ser independiente y organizado

Cuando estoy trabajando, puedo seguir un esquema de trabajo. El esquema de trabajo es una lista de las cosas que tengo que hacer. Yo no necesito que mi maestra o la asistente me *digan* lo que tengo que hacer, porque el esquema de trabajo me *muestra* lo que debo hacer.

El sistema de trabajo me muestra:

1. ¿Cuántas tareas distintas tengo que hacer?
2. ¿Cuáles tareas tengo que hacer?
3. Los progresos que estoy haciendo y cuando termina la tarea
4. ¿Qué tengo que hacer después?

Mi maestra o asistente me van a **enseñar** como trabajar con un esquema de trabajo.

El esquema de trabajo me ayuda a ser más **organizado**. Yo sigo el esquema de trabajo tachando o marcando cada tarea que hago, **una a la vez**. Yo puedo ver exactamente **cuantas tareas** me quedan por hacer, los progresos que estoy haciendo, y puedo ver lo que va a suceder **después**, cuando yo haya **terminado** con las tareas del esquema.

Yo no necesito que mi maestra o la asistente me ayuden todo el tiempo. Yo puedo trabajar de forma independiente, siguiendo mi esquema de trabajo. *El esquema de trabajo me ayuda mucho.*

Instrucciones escritas

A veces mi maestra me dice que tengo que hacer determinada tarea o trabajo yo solo. Algunas veces yo me acuerdo de lo que tengo que hacer, pero otras veces espero que alguien venga y me diga qué hacer.

Cuando estoy trabajando, yo puedo:

- Olvidarme de seguir las órdenes
- Confundirme
- Ponerme a pensar en otra cosa
- Tener problemas para concentrarme

Hay una forma que me ayuda a aprender a hacer mis tareas y mis trabajos yo solo. Mi maestra o la asistente pueden ayudarme a seguir las **instrucciones escritas**.

Yo puedo encontrar las instrucciones escritas con cada tarea o con los materiales para hacer cada tarea. Las instrucciones están escritas en forma clara y literal, en el orden que debo seguir. Yo leo el primer renglón y hago lo que me dice.

Yo voy a marcarlo o tacharlo. Luego voy a leer el siguiente renglón y hacer lo que dice. Luego lo marco o lo tacho. *Yo voy a seguir cada paso hasta terminar con todos los renglones.* Entonces mi tarea estará terminada.

La Escuela

Saber qué es lo más importante

La mayoría de los niños conocen el significado de la palabra importante. Ellos pueden leer algo o escuchar un cuento y se dan cuenta de lo que es realmente importante en ese cuento. Algunas veces las cosas que son importantes en un cuento no son importantes en otro cuento. La mayoría de los niños se da cuenta de esto.

Mis padres o mi maestra me pueden decir que yo necesito encontrar lo que es **más importante** de un cuento, o decirme que **consulte** la ayuda que tengo escrita.

- Los niños con autismo son buenos para mirar y darse cuenta de muchos *detalles*, especialmente detalles que les resultan interesantes.

- Muchos de los detalles que yo veo, quizá no sean importantes para mi maestra.

- A mí me ayuda mucho que alguien me señale cuáles son los detalles **más importantes**. Mi maestra o asistente pueden:

  Subrayar

  Chequear

  Resaltar

  Poner una estrellita

...a los detalles que sean más importantes en una tarea, en un cuento, en mi horario o en la ayuda escrita.

Escribir a mano

A algunos niños con autismo les gusta escribir a mano. Les resulta fácil. Les gusta como quedan escritas las cosas y su escritura es fácil de leer.

Pero hay otros niños con autismo de alto funcionamiento o síndrome de Asperger a los que les resulta muy difícil escribir. Ellos pueden saber qué es lo que quieren escribir, pero cuando llega el momento de agarrar el lápiz, *no les sale bien.*

Cuando esto pasa, algunos niños no quieren ir a la escuela o hacer la tarea. Les parece difícil y frustrante.
Es importante que los niños practiquen su escritura. Los terapistas pueden dar a las maestros y a los padres ideas que puedan ayudar.

Pero los niños también deberían poder hacer su trabajo y poner sus ideas en un papel, sin necesidad de sentirse frustrados.

Si escribir me frustra, quizá pueda aprender a usar un teclado con un procesador de texto, o una computadora. **Yo voy a marcar lo que se ajusta a mí.**

- Me gusta que mi trabajo se vea lindo
- Me gustaría aprender a usar un **teclado** o una **computadora** para hacer mis tareas en la escuela y en casa
- No me gusta hacer mis trabajos en una computadora. Me gusta hacerlos con lápiz y papel
- Otros: _____.

Usar mis temas favoritos

Hay muchas cosas para aprender en la escuela. Pero algunas veces alguna lección no tiene sentido para mí, o no sé lo que significa. Yo no me puedo concentrar en ella.

Pero mi *tema favorito*, aquello que realmente me gusta, significa mucho para mí. Yo puedo comprender y recordar lo que he leído sobre mis temas y mis activitidades favoritas.

Yo puedo ser capaz de aprender nuevas cosas si mi maestra me enseña utilizando las cosas que a mí me gustan. **Me resulta mucho más fácil aprender si se utilizan los temas que me gustan.**

Los temas que no tienen sentido par mí son:

1. _____

2. _____

3. _____

Mis temas favoritos son:

1. _____

2. _____

3. _____

Hay más sobre mis temas favoritos en las páginas 22 y 23.

La computadora

A la mayoría de los niños les gusta usar una computadora. Muchos niños con autismo son muy hábiles para usar una computadora.

A mí me gusta usar la computadora. Sí   No

(pon un círculo en lo correcto)

Algunas veces es más fácil aprender algo nuevo usando la computadora, que aprenderlo de otra persona.

Las computadoras pueden ser usadas para muchas cosas: trabajar, jugar, comunicarse o divertirse con un amigo.

Yo podría ser muy bueno con la computadora. Podría usarla todo el tiempo. Mi *horario* me mostrará cuando es el momento de usar la computadora, y cuando es el momento de hacer otras cosas.

Algunas veces mi horario puede mostrarme el *tiempo libre* que yo tengo mientras utilizo la computadora. Entonces puedo elegir lo que quiero hacer en ella.

Otras veces mi horario me muestra que llegó el *momento de trabajar* en la computadora. Esto significa que tengo que hacer una tarea con ella. Yo puedo seguir las instrucciones en la computadora.

Trabajos en la escuela

El director tiene su trabajo. Los empleados de la cafetería tienen sus trabajos. Las maestras tienen sus trabajos. Los estudiantes tienen como trabajos estudiar y aprender.

Algunos niños también tienen otros trabajos en la escuela. Algunos trabajos que los niños hacen son:

- Clasificar el correo
- Llevar mensajes
- Llevar recados a la oficina
- Recolectar las hojas de asistencia
- Guardar o acomodar los libros de la biblioteca
- Limpiar los estantes de la biblioteca
- Regar las plantas
- Limpiar los vidrios
- Clasificar y reciclar
- Otros: _____.

Un trabajo que me resulta interesante es _____

_____.

Quizá yo tengo un buen trabajo en la escuela. Primero, alguien me debe enseñar cómo hacer ese trabajo. Luego, si aún necesito ayuda, yo puedo consultar las *instrucciones escritas*.

Hora del recreo

Algunas veces la maestra dice que es la hora del recreo. La hora del recreo varía según cada maestra.

Algunas maestras dicen que la hora del recreo tiene que ser *tranquila*. Otras maestras dicen que los niños pueden *hablar* entre sí durante el recreo. Unas dicen que los niños deben quedarse sentados en sus *asientos*, otras que pueden caminar por todo el salón. Algunas tienen un *lugar especial* para hacer el recreo. Otras dicen que se tiene recreo solamente si se *terminaron* de hacer todas las tareas. Para algunas, el recreo se hace al *final del día*.

Durante el recreo se puede elegir lo que se quiere hacer. Sin embargo, algunas cosas están permitidas y otras no. **Cada maestra decide las reglas a seguir durante el recreo.**

La hora del recreo puede resultar complicada para muchos niños con autismo. **Yo voy a encerrar en un círculo o resaltar lo que se ajusta a mí.**

- Yo no estoy muy seguro de lo que se puede hacer a la hora del recreo.
- Algunas veces el recreo es ruidoso y me confunde.
- Algunas veces me meto en líos a la hora del recreo.
- Me gustaría saber qué es lo **que puedo hacer** a la hora del recreo. Si puedo ver las distintas posibilidades, podría elegir una.
- Me gustaría hacer algo usando mis temas preferidos.
- Otros:_____.

Más sobre los recreos

Me gustaría saber más sobre los recreos.

Hay recreos en la escuela, en el club, en los grupos de scouts, en la escuela dominical de la parroquia, o en _____ _____.

Yo puedo hacer una copia de esta página y dársela a las maestras o a los líderes de los diferentes grupos. Yo puedo pedirles que escriban toda la información relacionada con la hora del recreo.

Reglas y Cosas para hacer a la hora del recreo en _____ __

1. _____
2. _____
3. _____
4. _____
5. _____
6. _____

La Escuela

Reglas

Hay reglas en todas partes. Hay reglas para estar en una tienda y en un restaurante, para estar en la calle y en el barrio, en casa y en la escuela. Hay reglas que indican qué decir, cómo y cuando hablar, cómo comportarse, qué hacer, cuando hacerlo y muchas, muchas más reglas.

Algunas veces las reglas están escritas en carteles para que las personas las puedan leer, pero la mayoría de las reglas *no están escritas*. Se llaman *reglas no escritas*. La mayoría de los niños aprenden estas reglas no escritas simplemente mirando y escuchando a los demás. La mayoría las aprenden y las siguen sin siquiera pensar en ellas.

- Muchos niños con autismo tienen dificultades para darse cuenta y aprender las *reglas no escritas*.

- Yo podría aprender más fácil las reglas si las tengo **escritas** en un cartel o en una hoja de papel.

- Cuando **leo** las reglas, entonces sé exactamente qué es lo que tengo que hacer.

- Yo entiendo mucho más fácil las reglas cuando son **concretas, específicas y literales**.

La mayoría de los niños cumplen las reglas porque les encuentran sentido. Cuando los niños conocen las razones por las cuales se crea   una regla, entonces las pueden cumplir más fácilmente.

A veces yo me olvido de cumplir una regla porque *no le encuentro sentido*.

Quizá yo necesite **más información** sobre algunas reglas. Las reglas de casa o de la escuela que no comprendo son:

1. _____

2. _____

3. _____

4. _____

5. _____

6. _____

Si hay más reglas que no comprendo, las puedo escribir en otra hoja.

Las **historias sociales** me pueden ayudar a comprender las reglas. Mis padres o mi maestra me pueden ayudar a escribir una historia social. Si yo entiendo las circunstancias que rodean a una regla, entonces quizá pueda acordarme de ella y cumplirla con más facilidad.

Entonces, cuando yo lea la regla, ésta tendrá más sentido para mí.

La Escuela

Deberes

Los niños hacen cuatro clases de deberes para la escuela.
Las dos primeras clases de deberes se hacen cuando *yo estoy en la escuela.*

1. **Trabajo independiente en la escuela.** Este es el trabajo que yo hago en mi escritorio o en mi oficina, dentro de la escuela. Yo puedo trabajar de forma independiente usando un esquema de trabajo o instrucciones escritas.

2. **Trabajo en la escuela con otra persona.** Este es el trabajo que hago en la escuela con mi maestra, asistente, tutor o con otros niños

Hay otros trabajos que se hacen *en casa.* Estos pueden ser de dos clases:

1. **Trabajo independiente.** Este el trabajo que yo hago sólo en casa. Yo puedo seguir un esquema de trabajo o instrucciones escritas.

2. **Trabajo con otra persona.** Este es el trabajo que hago en casa con ayuda de otra persona.

Cuando yo regreso a casa de la escuela, consulto mi horario. Allí puedo ver a qué hora tengo que hacer mis deberes y cuándo puedo hacer otras cosas.

La Escuela

Buenas notas

Cuando los niños trabajan bien en la escuela sacan buenas notas. Algunas notas son letras, otras son conceptos y otras son puntos o números.

A todos les gusta sacarse buenas notas. Las mejores notas son Excelente, A, 100 o 12, pero también hay otras notas que son muy buenas.Por ejemplo B, C , Muy bueno, 8, 90 etcétera.

Yo voy a encerrar en un círculo o resaltar lo que se ajusta a mí.

- Me gusta sacar buenas notas
- Las buenas notas me ponen feliz y orgulloso
- Me tengo que sacar la nota más alta
- No me gusta cometer errores
- Me enojo o me altero si no me saco la mejor nota
- No importa si cometo algunos errores
- Me gustaría saber cuáles son las notas buenas
- Si me saco buenas notas, entonces me siento feliz
- No me importan las notas
- Otros:_____

Distintas maestras utilizan distintas notas.

Si me preocupo por sacar buenas notas, puedo pedirle a la maestra que me anote en una hoja cuáles son las notas que ella considera buenas en su clase.

Yo puedo hacer una copia de la siguiente página y entregarla a mis maestras.

Distintas maestras utilizan distintas escalas para poner las notas. Las notas pueden ser números, letras o conceptos. A mí me preocupa sacar buenas notas. Yo voy a averiguar cuáles son las mejores notas en todas mis clases.

(Mis padres o mi maestra junto conmigo pueden hacer una copia de esta página. Yo le voy a pedir a mis maestras que la completen.)

Nombre de la maestra:

Las buenas notas en su clase son:

Nombre de la maestra:

Las buenas notas en su clase son:

Nombre de la maestra:

Las buenas notas en su clase son:

Nombre de la maestra:

Las buenas notas en su clase son:

La Escuela

El área tranquila

En la escuela hay mucho ruido y mucha gente. Hay muchas cosas para recordar. Hay muchas cosas que se supone debo hacer. *Para un niño con autismo, estar en la escuela requiere de mucha concentración.*

Algunas veces yo me siento **abrumado**. *Abrumado* significa que me siento confundido, hay muchas cosas que están pasando al mismo tiempo.

Yo voy a encerrar en un círculo o resaltar lo que se ajusta a mí.

A veces en la escuela:

- Me siento preocupado o ansioso
- No quiero hacer mi trabajo
- Me pongo a gritar o llorar
- Me quedo muy quieto
- Me siento abrumado
- Me gustaría estar solo en un lugar tranquilo

Quizá yo tengo un **área tranquila** en la escuela. El área tranquila es un buen lugar. Allí yo puedo descansar de todo el ruido de la escuela. Me ayuda a estar tranquilo. Después de estar un rato en el área tranquila, vuelvo a mi trabajo o a la actividad que se estaba haciendo.

Mi horario me muestra cuándo es la hora de ir al área tranquila. También puedo aprender a decirle a la maestra que necesito ir al área tranquila.

Contarle a los otros niños qué es el autismo

Este libro me ayuda a aprender qué es el autismo y cómo me afecta.

Los demás niños también pueden necesitar aprender sobre el autismo, para que ellos también entiendan cómo el autismo nos afecta a todos.

Cuando los otros niños sepan qué es el autismo, entonces quizá sean capaces de entenderme mejor. Ellos aprenderán que me siento bien, así como soy. Ellos aprenderán que el autismo es otra forma de ser.

Yo voy a encerrar en un círculo o resaltar lo que se ajusta a mí.

- Me gusta que mis amigos entiendan más sobre el autismo
- Me gusta que los niños de mi clase comprendan lo que es el autismo
- Me gusta que _____ (nombre) sepa qué es el autismo
- Me gustaría mostrarle este libro a _____.
- Me gustaría que mis amigos vieran este libro
- No me gustaría que mis amigos vieran este libro
- Me gustaría muy especialmente que mis amigos vieran *ciertas* páginas de este libro. Yo le voy a mostrar a mis padres cuáles son las páginas *importantes*
- Otros:_____.

Lo que pienso de la escuela

1. Lo que más me gusta de la escuela es _____.

2. En la escuela, también me gusta _____.

3. En la escuela, no me gusta _____.

4. _____ es lo más difícil de hacer en la escuela.

5. _____ es lo más fácil de hacer en la escuela.

6. Las cosas que más me ayudan en la escuela son _____.

7. Me molesta cuando _____.

8. Desearía que _____.

9. Me gustaría aprender más sobre _____.

10. No entiendo _____.

11. Me gustaría ser amigo de _____.

Para Padres y Maestros

"Mi ritmo no es el ritmo de la escuela"

— María White, a los 16 años

Ideas en este capítulo

- El entorno educacional
- Recuerda el horario
- Problemas al enseñar estrategias para trabajar de forma independiente
- El asistente uno-a- uno.
- Hacer una oficina
- ¿Cómo puedo utilizar el esquema de trabajo para enseñar a mi niño a trabajar de forma independiente?
- Dar instrucciones escritas
- Las instrucciones escritas también se pueden utilizar en casa
- Organizar el espacio de trabajo, materiales y elementos
- Modificar las hojas de trabajo
- Trabajo con carpetas
- La satifacción y la motivación del estudiante
- Utilizar sus temas preferidos
- Diagramas, modelos, notas, mapas
- Nueve tipos de adaptación de una lección
- Enseñanza grupal
- La computadora: *un elemento aleccionador*
- Deberes
- ¿Cuáles son las habilidades *más importantes* que debería enseñar?
- Más estrategias educacionales
- El área tranquila
- ¿Por qué es así?
- Programas para enseñar las diferencias a sus compañeros
- Hablando de autismo y de tu hijo

El entorno educacional

¿Qué salón es el mejor para mi hijo? ¿Dónde puede aprender mejor? ¿Dónde va a sentirse más feliz? ¿Tranquilo, motivado, desafiado? ¿Debería la escuela proveerlo de un asistente especial? ¿Deberíamos enseñarle en casa? ¿Qué tipo de inclusión debería tener? ¿Qué pasa con la educación especial? ¿Cuál es el mejor entorno para un niño con autismo de alto funcionamiento?

Padres y maestros pueden preocuparse sobremanera por estos temas, y con razón. Tu hijo quizá no encaje a la perfección en el sistema educativo que tienes disponible donde vives. No hay una respuesta final para estos niños que tienen autismo de alto funcionamiento, o Asperger. Se necesita un diagnóstico de sus potencialidades, tanto formal como informal. Observa cuidadosamente las capacidades de tu hijo, sus potencialidades, puntos fuertes, intereses, necesidades, y la manera como aprende. ¿Qué nivel de estructura es el mejor para que funcione de manera exitosa, independiente, y feliz? ¿Qué condiciones del entorno lo ayudan a desarrollarse? ¿Qué le sirvió en el pasado? ¿Qué no le sirvió? ¿Ayudan las ideas de este libro? Según el programa TEACCH*,

> "…los objetivos de la enseñanza estructurada cobran aún mayor importancia cuando se trata de enseñar a niños con autismo de alto funcionamiento o síndrome de Asperger. En primer lugar, la enseñanza estructurada busca darle al mundo el mayor sentido posible, entendiendo por mundo, en este caso, al entorno escolar. Cuando el niño realmente llega a comprender lo que está sucediendo y lo que se espera de él, el aprendizaje se ve potenciado, y los problemas de conducta disminuyen. En segundo lugar, existen dos aspectos a considerar al enseñar a niños con autismo: ayudarlo a desarrollar sus capacidades y habilidades y reconocer la necesidad de efectuar modificaciones en el ambiente para maximizar las potencialidades y minimizar los déficits.

> Estos principios organizacionales son la base de las estrategias primarias que estructuran el ambiente escolar de estudiantes con autismo de alto funcionamiento o síndrome de Asperger. Estas

---

*Linda Kunce y Gary B. Mesibov (1998). "Educational Approaches to High-Functioning Autism and Asperger Syndrome", en la obra *¿High Functioning Autism or Asperger Syndrome?* Plenum Press, Nueva York 1998, pagina 230. Ver Fuentes Recomendadas al final de este libro.

estrategias incluyen: 1) comprender el autismo, 2) comprender la naturaleza tan especial del niño, a través de un diagnóstico tanto formal como informal, 3) hacer que el futuro resulte predecible y coherente, 4)clarificar las instrucciones y las expectativas, 5) estructurar las tareas y los deberes para conseguir éxitos, y 6) cultivar y utilizar los intereses favoritos y especiales de los estudiantes."

Cuando tengas que elegir el mejor programa educacional para tu hijo, revisa las ideas planteadas en este capítulo y haz una lista de las estrategias aquí presentadas. Algunas de ellas están tratadas con gran detalle en esta parte del capítulo.

Recuerda el horario

En el Capítulo 2 se introdujo el horario, que fue posteriormente recomendado en sucesivos capítulos. No es casualidad que nuevamente se encuentre primero en la lista de las sugerencias. El horario, generalmente en la forma de un listado de cosas para hacer cuando se trata de niños con autismo de alto funcionamiento, sirve como el mejor organizador de estrategias para tu hijo.

El horario de tu hijo debe estar diseñado de manera que tenga sentido para él. Puedes experimentar con distintos formatos hasta que llegues a detectar cual le resulta más efectivo. *En el capítulo 2 se encuentran ejemplos de tipos de horarios y consejos para usarlo, páginas 36 a 49.*

La habilidad de tu hijo para seguir un horario de manera independiente incidirá en gran forma en su futuro, especialmente al terminar el secundario. En Carolina del Norte (USA) hemos constatado que los adultos con autismo que mayor éxito han tenido a la hora de obtener y mantener un trabajo han sido aquellos que son capaces de manejar un horario y seguir un esquema de trabajo independiente. *(Ver pags. 167, 171-173, 178, 192, 194-196, y 209-210.)*

Problemas al enseñar estrategias para trabajar en forma independiente

Es bastante común ver que padres e hijos se sienten hora tras hora cada noche, trabados en una lucha sin fin para terminar los deberes asignados. Te vas a encontrar constantemente ayudándolo, sugiriendo, alentando, dirigiendo, sobornando, mimando y hasta haciendo tú su tarea. Sin lugar a dudas, todo esto resulta sumamente frustrante tanto para los padres como para los hijos.

Muchos niños con autismo tienen dificultades con uno o más aspectos del trabajo independiente.

Para algunos, la idea de hacer en casa tareas que son para la escuela, es tan absurda que sencillamente se niegan a hacerlas. Un estudiante de secundario hacía efectivamente sus tareas, pero no entendía que tenía que entregarlas. No fue sino hasta mitad de año, cuando sus notas fueron pésimas, que el profesor consejero las descubrió prolijamente guardadas en su armario escolar.

Para desarrollar la capacidad de trabajar en forma independiente, el niño debe imperiosamente saber cómo hacer el trabajo. En algunas clases se pueden plantear tareas que requieren habilidades que el niño aún no logra dominar. En este caso, no se puede pretender que el niño practique una forma de trabajo independiente, *porque no tiene la habilidad suficientemente desarrollada.* El nivel o la cantidad de trabajo asignada puede no ser la adecuada a las capacidades de tu hijo. En algunos casos, las tareas necesitarán ser modificadas. Más adelante en este capítulo se tratará de las distintas maneras de organizar, clarificar y modificar las tareas asignadas a tu hijo. En otros casos, el programa educacional de tu hijo necesitará ser re-evaluado basándose en un diagnóstico más exacto de sus capacidades y habilidades.

Quizá tu hijo se haya habituado a esperar que lo ayuden, aunque sepa lo que tiene que hacer. El hábito varía de un niño a otro. Necesita un impulso para comenzar, para seguir adelante, necesita que alguien se siente a su lado, que le diga cuando está terminada la tarea y qué es lo que debe hacer después. No importa cuántas veces le digas que debe trabajar en forma independiente, no lo entiende. Esperar que haga las cosas a su ritmo parece solamente retrasar y dilatar lo inevitable. El simplemente no puede o no trabaja en forma independiente.

Si esto ocurre así en el caso de tu hijo, entonces *el enseñarle a trabajar de manera independiente* tiene que ser una de las primeras metas educacionales, ya desde el comienzo de su educación. Desde la perspectiva del sistema TEACCH, que tiene una larga historia trabajando con niños con autismo y ha visto cómo se insertan posteriormente en el sistema laboral, *la capacidad de trabajar en forma independiente es más importante aún que la adquisición de conocimientos académicos específicos.*

El asistente uno-a -uno

Una solución que el sistema educativo emplea a la hora de enseñar a niños con autismo de alto funcionamiento es proporcionarles un asistente uno-a-uno.

Este asistente se preocupa de que tu hijo atienda en clase, participe y complete sus tareas. Y aunque la meta sea que "desaparezca" este tipo de ayuda, la independencia deseada puede hacerse de rogar.

Tanto si tu hijo tiene un acompañante personal o si requiere que la maestra le dedique mucha atención, todos los que lo ayuden deben tener presente cuál es la meta y cómo hacer para alcanzarla. Deben comprender que *la meta es enseñarle a usar una estructura que le permita, a su vez, practicar y desarrollar un esquema de trabajo independiente.* Tu hijo debe aprender a darle sentido a su entorno y a comportarse sin que alguien lo esté continuamente pautando. Debe saber cuál es la información más relevante, y cómo usar esta información para funcionar de manera independiente.

En las páginas anteriores se le presentó al niño la oficina (pag. 169), el horario (pags. 31-32, 167), y las instrucciones escritas (pag 173). Estos instrumentos son esenciales para lograr trabajar de manera independiente, durante los años escolares y en el futuro mediato.

Hacer una oficina

La *oficina* proporciona la estructura física que ayuda a tu hijo a concentrarse en el trabajo que tiene enfrente. Cuando se "instala" la oficina o cuando tu hijo se sienta en el escritorio designado especialmente como oficina, él se acuerda que es la hora de trabajar de manera independiente. Los sonidos y visiones extras son eliminados.

Una oficina debe ser portátil pero sólida. Se puede hacer de distintos materiales, por ejemplo de cartón duro o cartonplast. Hazla plegable, con tres alas. No resulta cara en cuanto a los materiales, es portátil y puede ser guardada para cuando no se necesita.

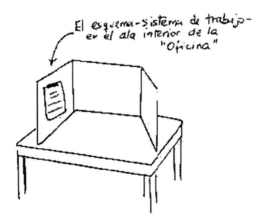

El esquema-sistema de trabajo en el ala interior de la "Oficina"

¿Cómo puedo usar el esquema de trabajo para enseñar a mi hijo a trabajar de manera independiente?

El esquema de trabajo es la manera más lógica de organizar una lista de tareas. Para aquellos niños que han aprendido a leer, el esquema de trabajo se presenta bajo la forma de un listado escrito. Proporciona cuatro puntos fundamentales de información:

1. **¿Qué trabajo se supone que debo hacer?**
2. **¿Cuánto trabajo tengo que hacer?**
3. **¿Cómo sé que terminé?**
4. **¿Qué hago después de terminar mi trabajo?**

Un esquema de trabajo se utiliza cuando el niño debe completar una serie de tareas.

Luego de consultar el horario y ver que es la hora de trabajar de manera independiente, tu hijo se dirigirá al lugar que tiene asignado como oficina o instalará la oficina en su propio escritorio. Ubicará donde está colocado su esquema de trabajo, que ha sido escrito en una hoja de papel, o impreso. Puede estar sobre su escritorio, o pegado en una pared de su oficina. El esquema de trabajo le mostrará lo que tiene que hacer durante este período de tiempo.

Es importante resaltar que el esquema de trabajo difiere de lo que típicamente entendemos como una "lista de tareas", porque *siempre contiene los cuatro puntos esenciales de información* explicados más arriba. Las tareas están listadas en orden. Tu hijo puede tildarlas o tacharlas a medida que las vaya completando. El cuarto punto, *"qué hago después de terminar mi trabajo"* es una parte integral del esquema de trabajo, que normalmente no se encuentra en las listas de tareas. Especificando este punto, se habrá reforzado el concepto de *"terminado"* y se habrá estructurado la siguiente transición. Este le proporcionará a tu hijo un sentido de orden y claridad, en lo que se refiere a la siguiente actividad.

Dar instrucciones escritas

Las instrucciones escritas muestran los distintos pasos a seguir para completar una tarea. Cada tarea se descompone en diversos pasos a seguir, *según las necesidades organizacionales de tu hijo y qué tan detallada necesite la información*. Los pasos guardan un orden secuencial y tu hijo debe aprender cómo tildar o tachar cada paso a medida que lo va cumpliendo. Según su capacidad de respuesta, necesitarás resaltar ciertas palabras o información.

A continuación se encuentran dos juegos de instrucciones para completar la misma tarea, pero escritas para distintos niños. Ambos estudiantes requieren cierto nivel de estructuración par poder trabajar de manera independiente. Ambas instrucciones brindan una secuencia clara para seguir, aunque *han sido individualizadas para cada caso*. La diferencia radica en que las instrucciones de la derecha son más específicas y concretas, y brindan más detalles que las instrucciones de la izquierda.

INSTRUCCIONES PARA
"Receta de Cocina"

_____ 1. Conseguir la hoja de la "Receta de cocina" para pan de ajo
_____ 2. Conseguir el libro de cocina
_____ 3. Contestar las preguntas marcadas dentro de un círculo
_____ 4. Regresar el libro de cocina al estante
_____ 5. Poner la hoja en "trabajos terminados"
_____ 6. Consultar el esquema de trabo

INSTRUCCIONES PARA
"Receta de Cocina"

☐ 1. Conseguir lo necesario:
    ☐ libro de cocina
    ☐ lapicera
    ☐ hoja del "Pan de ajo"
☐ 2. escribir tu nombre en la hoja
☐ 3. abrir libro en pag 56
☐ 4. leer pregunta 1)
☐ 5. escribir respuesta en hoja
☐ 6. leer pregunta 4)
☐ 7. escribir respuesta en hoja
☐ 8. leer pregunta 5)
☐ 9. escribir respuesta en hoja
☐ 10. doblar hoja y poner dentro del libro
☐ 11. poner libro con "trabajos terminados"
☐ 12. ver próximo trabajo
    (en esquema de trabajo)

Las instrucciones escritas también se pueden utilizar en casa

En la casa también se pueden utilizar las estrategias visuales. El horario, esquema de trabajo e instrucciones escritas pueden ser una ayuda invaluable a la hora de enseñar temas relacionados con la higiene personal y con el mantenimiento de un hogar. En la página 47 se encuentra la lista de Adam, que muestra cómo proceder para empacar la ropa par ir a nadar. En la página 46, la lista de Silvia se refiere a la hora de darse un baño. La lista bien podría ser algo así:

☐ Decir a Mamá **"Mamá, estoy lista para el baño, por favor"**
☐ Desvestirse y poner ropa sucia en canasto
☐ Elegir 4 juguetes para la bañera
☐ Buscar toalla limpia
☐ Poner la alarma a sonar en 15 minutos
☐ Meterse en la bañera
☐ Cuando suene alarma, es fin de la hora de juego - poner juguetes en balde
☐ Enjabonarse- Mamá ayuda. (desde 1 de junio- Catie se enjabonará sola)
☐ Secarse y colgar toalla
☐ Ponerse el pijama
☐ Decir a Mamá **"Es hora de consultar el horario"**

Muchas estrategias se han incluido en el horario de Silvia para ayudarla a ser más independiente. La primera y la última instrucción promueven la comunicación. Se trata de dar a Silvia un rol más activo, aprendiendo a tomar la iniciativa en lo que se refiere a organizar su rutina nocturna. La lista la impulsa a decirle a Mamá que llegó la hora del baño. Nótese la especificidad en la instrucción 3, referida a la cantidad de juguetes que puede llevar al baño. Debe quedarle claro que no puede poner todos sus juguetes dentro de la bañera. Dentro de la estructuración planteada, ella toma un rol activo (pone la alarma) y puede ver que es lo que se espera de ella (donde guardar los juguetes).

Obsérvese la instrucción correspondiente a la higiene en sí. Mamá ha decidido que a partir del mes de junio Silvia comenzará a lavarse sola. Sabe que esto le puede llevar un tiempo y que habrá de plantearse por pasos. También sabe que Silvia está habituada a que Mamá le lave el cabello y puede resistirse a cambiar esta rutina. Por eso, Mamá está preparando desde ahora a Silvia, mostrándole cuando comenzará a bañarse sola. Mamá también lo va a anotar en el almanaque *(ver pags. 96 a 98 sobre uso del almanaque)*. Cuando llegue el 1 de junio, Silvia estará esperando este cambio en la rutina, y se espera que asimile el cambio con mínima resistencia. Para esa fecha, la mamá habrá escrito una nuevas instrucciones o una secuencia de dibujos que le enseñe los pasos a seguir mientras

Organizar el espacio de trabajo, materiales y elementos

La ubicación del escritorio del estudiante puede afectar su comportamiento mientras trabaja. Trata de ponerlo hacia un *costado* del salón, lejos de la puerta. Algunos niños están mejor en el *frente* del salón. Otros se sienten más cómodos en la parte de *atrás*. Quizá necesites probar varias ubicaciones antes de decidir cuál es la mejor. Observa cuidadosamente a tu estudiante para decidir el mejor lugar para aprender a trabajar de manera independiente. Quizá él pueda decírtelo, si le preguntas.

Puede ser que tu estudiante tenga un solo escritorio. Cuando se necesario, él se sentará e instalará el cartón o cartonplast que forma las paredes de su oficina. Algunos niños trabajan mejor si existe un lugar *diferente, permanente*, donde pueda trabajar de forma independiente. La oficina puede entonces instalarse en otro escritorio, en el lugar más tranquilo del salón. Hay niños que trabajan mejor si se instala la oficina *fuera* del salón, en el pasillo o en otro salón.

Muchos estudiantes con autismo tiene problemas para mantener en orden y no perder sus útiles escolares. Designa un estante cercano o una mesa para poner los materiales y útiles. Etiqueta los estantes, cajas, bandejas, canastos con el nombre de lo que hay que poner dentro. Según el tema que sea, elige las carpetas de distintos colores. Pon los lápices dentro de las carpetas. Etiqueta el lugar donde se debe guardar la oficina cuando no se usa. También designa un lugar donde guardar el horario, si el niño no lo lleva consigo.

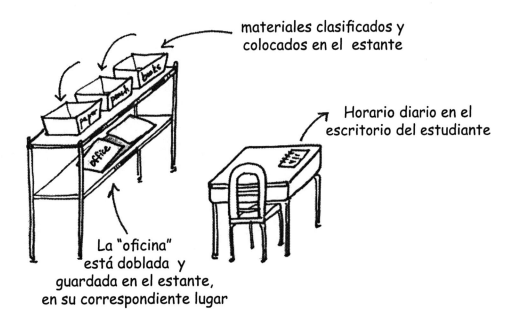

materiales clasificados y colocados en el estante

Horario diario en el escritorio del estudiante

La "oficina" está doblada y guardada en el estante, en su correspondiente lugar

Modificar las hojas de trabajo

Las tareas pueden ser presentadas de diferentes formas, dependiendo del grado escolar, las habilidades a practicar y las preferencias de la maestra. Además del libro, se pueden utilizar hojas de trabajo. Para algunos niños con dificultades de organización y problemas para distinguir la información relevante de los datos superfluos, las hojas de trabajo más sencillas pueden ser apabullantes y enloquecedoras.

Estas hojas de trabajo pueden ser modificadas de manera que ayuden al estudiante a ser más organizado en su manera de trabajar. *Resalta lo importante, y minimiza los detalles superfluos.* Arregla la apariencia visual de la hoja de trabajo, utilizando marcadores de colores, tijeras, pegamento y la fotocopiadora. Observando a tu estudiante, sabrás cuales modificaciones resultan más efectivas. Uno de los trabajos de la maestra asistente puede ser modificar estas hojas de trabajo. A continuación se encuentra una hoja de trabajo, posteriormente modificada para ayudar al estudiante.

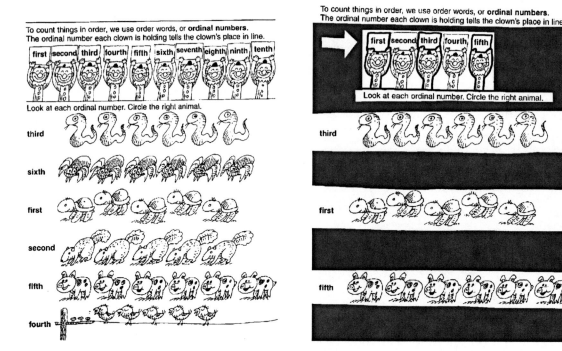

Prueba con estos métodos para modificar las hojas de trabajo:

Asigna un código de colores	Etiqueta	Limita información extra
Subraya	Encuadra	Corta
Contrasta	Agranda	Resalta
Encierra en un círculo		

Trabajo con carpetas

Quizá se necesite más estructuración, en la medida que el estudiante presente dificultades significativas en cuanto a su capacidad de organización, o que presente dificultades para completar trabajos escritos debido a problemas de motricidad fina con su escritura. El manipular y arreglar materiales de manera concreta, en vez de simplemente escribir la respuesta concreta en el papel, pueden motivar más al estudiante y lograr mayor cooperación de su parte. *El trabajo con carpetas* puede ser esta ayuda necesaria.

Las carpetas son del tipo de carpeta archivadora, pero sin perforaciones. También se puede hacer doblado a la mitad un trozo de cartulina de tamaño un poco mayor a una hoja de cuaderno o fotocopia. Como materiales se pueden utilizar dibujos o imágenes de revistas, libros, cartas, piezas de rompecabezas. En vez de *escribir* la respuesta, el estudiante manipula las piezas a su alcance, clasificando, formando parejas, o arreglándolas según cierto criterio para completar el trabajo planteado. El trabajo finalizado se guarda en su lugar, colocando las piezas con clips, dentro de los bolsillos de la carpeta, o pegándolas con Velcro.

Cada carpeta constituye un trabajo en sí misma, todos los materiales requeridos se encuentran dentro de ella. Estas carpetas son una excelente alternativa al tradicional papel y lápiz, especialmente para aquellos estudiantes con problemas de motricidad fina y de escritura. *También funcionan para fomentar el trabajo independiente.* El siguiente es un ejemplo de como se puede utilizar una carpeta para practicar comprensión lectora y estudios sociales. Se pueden agregar nuevas oraciones y figuras para crear nuevas tareas.

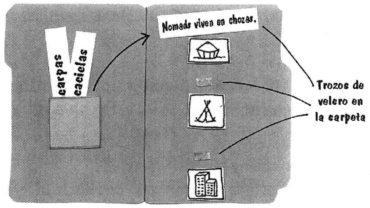

Las oraciones se colocan en el bolsillo de la izquierda. El estudiante empareja la oración con las figuras que están a la derecha, pegándolas con

La satisfacción y motivación del estudiante

Una vez que el uso de estrategias estructuradas de enseñanza se haya convertido en algo rutinario, podrás verificar, con alivio y felicidad, que el nivel de motivación de tu hijo aumenta junto con su capacidad de trabajar de manera independiente. Para muchos niños con autismo, el acto de seguir una lista, marcar las tareas a medida que se vayan haciendo, y "terminarlas" implica una satisfacción y una motivación en sí mismos. El trabajo es predecible y claro. Tu hijo sabe con exactitud qué puede esperar y lo que sucederá cuando termine. El seguir un horario, las instrucciones escritas y el esquema de trabajo, son en sí mismos motivantes.

Generalmente, cuando estas estrategias visualmente estructuradas de trabajo son *individualizadas y utilizadas coherentemente y en forma dinámica, flexible y activa a lo largo del día*, la dependencia sobre métodos más tradicionales para manejar conductas no deseadas disminuye notoriamente. Padres y maestros descubren que ya no necesitan de motivaciones externas y "refuerzos" para lograr que su niño se aboque a la tarea.

Utilizar sus temas preferidos

La satisfacción y motivación de un estudiante aumentan enormemente cuando padres y maestros tienen en cuenta sus temas preferidos. La fascinación y devoción que siente frente a determinado tema pueden ser utilizadas para fomentar su aprendizaje, si cuenta con una maestra creativa a su lado.

Utiliza los temas que a él le gustan para llamar su atención, introducir nuevas habilidades, ilustrar conceptos difíciles, motivarlo y estimularlo, aumentar la interacción social y agregar placer y satisfacción al aprendizaje. Ten en cuenta los siguientes ejemplos:

1. **Permite que utilice su tema preferido aún cuando trabaje sobre un tema que parezca inconexo.**

   Tema preferido: Edificios
   Proyecto de arte: Diseñar una tarjeta de Navidad
   Intenta: Permitirle que incluya su tema en el diseño de la tarjeta. A Doug le encantaba dibujar edificios. (Observa el dibujo realizado por Doug Buckner en 1991. Fíjate que casi desapercibido, en la parte de abajo de la hoja aparece la punta de un árbol de Navidad)

2. Introduce un nuevo tema de manera que se relacione con el tema que a él le gusta.

Tema preferido: El clima
Nuevo tema de estudios sociales: Ciudades, suburbios y pueblos del estado
Intenta: Registrar las temperaturas de las ciudades designadas

3. Enseña una nueva o difícil habilidad usando su tema preferido.

Tema preferido: Cables y polos eléctricos
Habilidad: Multiplicación
Intenta: Si hay 4 líneas sujetas a un polo eléctrico, y hay 3 hileras de polos colocados en formación, entonces ¿Cuántos …? *(presenta con un dibujo)*

4. Enseña conceptos abstractos relacionándolos con su tema preferido.

Tema preferido: Star Trek
Concepto: Empatía y ponerse en el lugar del otro.
Intenta: Picard cambia de forma y se convierte en una extraña entidad *(tomando la perspectiva de otra persona)*. Ahora el comprende cómo siente y piensa el otro *(empatía)*.

5. Motívalo permitiéndole dedicar un tiempo a su tema preferido.

Tema preferido: Lavarropas
Intenta: Cuando termine la tarea, permítele que hojee catálogos con diversos modelos de màquinas lavarropas.

6. Aumenta la interacción social utilizando su tema preferido.

Tema preferido: Años y marcas de autos
Meta de interacción: iniciar contacto social
Intenta: Haz que efectúe una encuesta entre los estudiantes para que digan qué tipo de auto tienen sus padres. Haz un cuadro con los datos obtenidos, y haz que comenten entre sí los resultados. Luego ordena otra encuesta, para saber qué tipo de auto les gustaría tener, y comparen los resultados.

Diagramas, modelos, notas, mapas

Cuando la información debe ser presentada verbalmente o mediante una disertación, puede convenir utilizar ayudas visuales. Siempre que sea posible, introduce los conceptos mediante *diagramas, modelos, notas, fotografías e imágenes.*

- **Minimiza las distracciones visuales.**
  Al escribir la información en el pizarrón, borra todos lo datos anteriormente escritos que puedan distraerlo de lo que es relevante.

- **Usa un proyector y resalta los datos importantes .**
  Haz un esquema del tema que vas a presentar y lista los puntos más relevantes. Resalta las palabras clave con un marcador. Haz un "mapa" de lo que vas a exponer. *(ver más abajo)*

- **Proporciona apuntes escritos.**
  Dale al estudiante una copia de lo que vas a decir o un esbozo de la información que estás presentando. O arregla para que otro estudiante le facilite una copia de los apuntes que saque de tu exposición.

- **Intenta utilizar un "mapa".**
  Muestra visualmente cómo la información se va relacionando. Un mapa retrata las relaciones y la conexión existente entre las diversas piezas informativas.

Más sobre el mapa

Hacer un mapa es una técnica que se utiliza para planificar, organizar, y ver las conexiones que existen entre los diversos conceptos o ideas. Algunas veces se les conoce como "organizador semántico" o "organizador gráfico". El mapa puede servir para tomar notas de lo que se está diciendo, para revisar y recordar información, para resolver un problema, para planificar y presentar información. Se pueden encontrar más referencias sobre este tema en *Fuentes Recomendadas*, al final del libro.

Las maestras pueden proporcionar ayuda visual en sus presentaciones, a través de un mapa. Para presentaciones grupales, utiliza un proyector. Para instrucción individual, usa lápiz y papel mientras te sientas al lado del estudiante.

El mapa ha sido utilizado en individuos con autismo en sesiones de consulta, para ayudarlos a identificar, revisar y organizar sus pensamientos, hacer planes, y ayudarlos a ver las relaciones que existen entre sus ideas, comportamiento y consecuencias. El consejero va creando el mapa a medida que el estudiante está hablando y responde a las preguntas que se le efectúan. El mapa es la referencia visual fundamental.

Cómo hacer un mapa

Todo mapa comienza a partir de una idea o tema principal, escrito en el centro de la página y encerrado dentro de un círculo. Las ideas que se relacionan con la idea principal se escriben sobre líneas que parten desde el círculo hacia afuera. Piénsese en el mapa *(la idea principal)* como el tronco de un árbol. Lo que se hace es agregar las "ramas y tallos" *(detalles relevantes)* que salen desde el tronco. Cada nuevo grupo de "ramas y tallos" debe ser dibujado con el mismo color. Cada nuevo grupo de ideas que surja y que estén relacionadas entre sí deberán hacerse con un nuevo color y creadas a partir de un nuevo grupo de ramas y tallos. A continuación se encuentra el mapa que he realizado, mostrando justamente cómo hago un mapa.

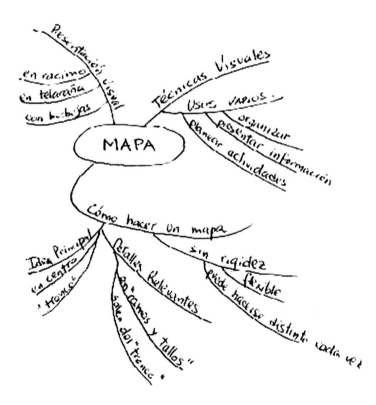

Nueve tipos de adaptación de una lección

Cathy Pratt, Directora del Indiana Resource Center for Autism (IRCA) del Institute for the Study of Developmental Disabilities, promueve el uso de métodos educativos que ayudan a quienes tienen dificultades de aprendizaje. Ha identificado nueve formas de adapatar e individualizar una lección. Estas maneras aparecen a continuación incluídas con su autorización, la dirección del IRCA está a notada en *Fuentes Recomendadas*, al final de este libro.

Los maestros deberían tener en cuenta estas ideas cuando se trata de crear un programa más individualizado para acomodarlo al estilo de aprendizaje del estudiante, capacidades e intereses. Las siguientes son las sugerencias adaptativas planteadas por Pratt:

1. Extensión

Adaptar la cantidad de puntos que se espera que complete o aprenda el estudiante. Por ejemplo, *reducir* la cantidad de términos de ciencias sociales que deba aprender al mismo tiempo. O, en el caso de estar frente a un estudiante con alguna capacidad muy desarrollada, como deletrear palabras, *aumentar* la cantidad de términos a deletrear.

2. Tiempo

Adaptar la cantidad de minutos, horas o días máximos permitidos para completar una tarea. Por ejemplo, aumenta o reduce el tiempo en función del ritmo de trabajo de tu estudiante. Para un estudiante que trabaje con un ritmo lento, considera darle una *ventaja (puede ser empezar antes)*, para que pueda terminar la tarea a tiempo con lo demás compañeros.

3. Entradas

Adapta la presentación de la información. Por ejemplo, utiliza más soportes visuales, planifica más ejemplos concretos, proporciona más experimentos.

4. Salida

Adapta la manera en que el estudiante puede responder a lo planteado. Por ejemplo, en vez de contestar las preguntas escribiendo, permítele que conteste oralmente, o permite que los estudiantes muestren sus conocimientos haciendo *trabajo con carpetas* y otros experimentos.

5. Dificultades

Adapta el nivel académico exigido a las necesidades de tu estudiante. Por ejemplo, permítele usar una calculadora, simplifica las instrucciones, descompone los pasos a seguir en *más pasos*, o cambia las reglas para acomodarlas al estilo de aprendizaje de tu estudiante.

6. Participación

Adapta el nivel de involucramiento de tu estudiante en la tarea. En geografía, permítele que sostenga el globo terráqueo mientras los demás señalan distintos puntos. Permítele que trabaje con otro compañero, en vez de trabajar solo. En el caso de que el trabajo en un grupo lo confunda o lo altere, permítele trabajar solo.

7. Ayudas

Aumenta o reduce la cantidad de interacción social, proporcionándole otros tipos de ayuda como las visuales. Por ejemplo, designa un compañero como su pareja de estudios o tutor, maestras asistentes, y pequeños grupos donde trabajar. Dale a tu estudiante la ayuda que proporciona el esquema de trabajo, en vez de contar con un ayudante o asistente que le marque las tareas a realizar. Todo esto contribuye a aumentar la individualización de la ayuda.

8. Metas alternativas

Adapta las expectativas que tengas respecto al rendimiento de tu estudiante. Por ejemplo, en ciencias sociales, espera que tu estudiante localice en un mapa solamente los estados, mientras exiges que el resto de la clase también localice las capitales estatales. O por el contrario, exige que tu estudiante retenga más información, especialmente cuando se tocan temas que son de su especial interés.

9. Currículum sustituto o paralelo

Proporciona materiales y nivel de instrucción diferenciado, para alcanzar las metas propuestas para este estudiante en particular. Por ejemplo, mientras que el resto del grupo está tomando una prueba, este estudiante está practicando en la computadora.

Enseñanza grupal

Esperar que un estudiante con autismo participe y se beneficie de una enseñanza grupal puede ser tan frustrante para él como para las maestras. Dificultades para saber en qué concentrarse, problemas de atención, escuchar varios sonidos - palabras- movimientos al mismo tiempo, dificultades varias en el área sensorial, y un pobre procesamiento auditivo, todos estos factores se combinan para que la enseñanza dentro de un grupo sea más que apabullante, confusa y hasta enloquecedora. Algunos niños optan simplemente por "ausentarse".

Se necesita una observación cuidadosa para determinar si el estudiante se puede beneficiar del trabajo en grupo. Intenta con las sugerencias anteriormente mencionadas en las páginas *202* y *203*, para fortalecer la expresión verbal. Generalmente, un grupo pequeño es más conveniente que uno grande, y le puedes proporcionar al estudiante una lista escrita de los temas a trabajar, utilizando los lineamientos explicados para crear un esquema de trabajo *(ver pags. 172, 194)*, para prepararlo para futuras actividades. Esta estrategia se dificulta cuando se está trabajando en una discusión grupal, o cuando la maestra dispone un cambio de tema sobre la marcha.

Por momentos, puede resultar sorprendente ver que un estudiante responde con la respuesta correcta,demostrando que realmente estaba atendiendo (aunque parecía estar en otra parte). Recuérdese lo mencionado sobre el contacto ocular y el autismo (pags. 102,115). A tu estudiante puede que le resulte más fácil atender a lo que dices si no te está mirando a los ojos. Quizá también necesite más tiempo para procesar (atender, comprender y preparar una respuesta) lo que se le pregunta. Si este es el caso con tu estudiante, prueba con las siguientes sugerencias:

- **Lleva contigo un block de tarjetas y un lápiz.**
  Mientras haces la pregunta, escríbela en la tarjeta. Pon ésta frente a él y no repitas nuevamente la pregunta. Muy probablemente, el estudiante mire lo que está escrito (es visual). Espera entonces por la respuesta. Dependiendo de tu estudiante, podrás necesitar solamente escribir unas pocas palabras claves.

- **Puedes usa la tarjeta con todo el grupo, aleatoriamente.**
  Los niños del grupo verán que algunas de tus preguntas son sólo verbales,y otras van acompañadas de una tarjeta. A la mayoría de ellos les parece divertido, saber cuándo y si se les dará una tarjeta también es un medio de llamarles la atención.

La computadora: un elemento aleccionador

Una computadora puede ser una herramienta bastante útil para un niño con autismo. Puede enseñarle y reforzar habilidades cognitivas, ser usada como una alternativa a las tareas manuscritas, favorecer y apoyar la comunicación y la interacción sociales, servir como juego y como instrumento creativo. Sin embargo, cuando uses la computadora con tu niño, *ten en cuenta algo muy importante*:

> Tu hijo debe aprender que hay dos tipos de actividades que puede hacer. Una, es hacer lo que le plazca **(tiempo libre)**. Otra, es seguir las instrucciones para realizar una tarea **(tiempo de trabajo)**.

Para algunos de estos niños, un trabajo futuro en el área de la computación es realmente posible, basándose en sus excelentes habilidades con esta tecnología. Sin embargo, hay muchos jóvenes y adultos con autismo que, si bien tienen este dominio de la máquina, son incapaces de obtener un trabajo usando este talento. ¿Por qué?

Es porque a lo largo de los años, la computadora ha sido primariamente usada como una instrumento de juego o para usar en el tiempo libre. Se ha convertido en una rutina tan arraigada que el joven *es incapaz de hacer en ella lo que otra persona le pide que haga*. La combinación de la computadora actuando como uno de sus temas preferidos y la largamente establecida rutina de hacer en ella lo que se quiere, torna el el hábito adquirido en inquebrantable y difícil de adaptarse a los requerimientos que de la computadora se pueden hacer en una oficina u otro lugar de trabajo. Desde su punto de vista, este nuevo uso carece de sentido.

Si tu hijo está especialmente dotado con la computadora, es imperativo que sepa desde pequeño que existe un tiempo para jugar y un tiempo para trabajar y que puede hacer en ella las dos actividades (pag 177). Le puedes indicar esta diferencia en su horario. A medida que vaya madurando, dale una variedad de tareas y trabajos para hacer, muchas instrucciones distintas para seguir, haciendo cosas que no siempre van a ser las que a él le gustan. Esto expandirá su campo de acción, y lo ayudará a ser más flexible. Estarás así abriendo una puerta a una futura vocación con la computadora. Si esperas a que sea mayor, cuando sus hábitos ya estén arraigados, quizá ya sea muy tarde para modificarlos.

Si se está frente a un adolescente que es particularmente hábil con la computadora, pero que no tolera que le digan qué hacer con ella, entonces es bastante probable que sea incapaz de usarla en su futura vida laboral, *aun cuando tenga talento*. **Hemos constatado que en personas con autismo el entrenamiento vocacional comienza en la niñez.**

Deberes

Tal como se ha expuesto en la página 183, tiene que hacerse una clara distinción entre el trabajo que se pretende el niño haga en forma independiente y el trabajo que necesita ayuda. *Teniendo esto en cuenta, las maestras deben dialogar con los padres para saber qué ocurre en casa. Padres y maestros deben funcionar como un equipo para asegurarse de que los deberes constituyan una experiencia positiva de aprendizaje. He aquí algunas sugerencias:*

- Permite que enseguida de llegar de la escuela, tu hijo tome un descanso. Abstente de formularle preguntas sobre su día escolar y de presionarlo. Dale el espacio y tiempo que necesita.

- Proporciónale un horario para después de la escuela. Las actividades deben ser las apropiadas a la edad de tu hijo, intereses y necesidades. Incluye un tiempo para que el esté solo, para que coma sus snacks preferidos y haga la actividad que le gusta, así como un tiempo ya agendado de trabajos y deberes. Alterna actividades que le gustan con aquellas que no le gustan *(pags 45 y 46)*.

- Antes de salir de la escuela, tu hijo debe llevar consigo la lista de deberes a hacer en casa que le dio la maestra. **No insistas en que él copie los deberes, a menos que sea capaz de hacerlo fácilmente por sí solo.** Para muchos, el hecho de tener que copiar los deberes de la pizarra es muy difícil, abrumador y frustrante. Esta no debe ser por ahora una prioridad.

- En casa, puedes modificar la lista de tareas que trajo de la escuela para crear un esquema de trabajo para los deberes. Recuerda incluir al final del esquema lo que puede hacer cuando termine. *(Revisa las pags. 172, 183 y 194)*.

- Si aún no están incluidas, agrega las **instrucciones** escritas al deber asignado

- Lleva un registro con el tiempo que le lleva a tu hijo hacer los deberes. Comunícate con la maestra y compara con el tiempo estándar que demoran los demás niños de la clase en hacerlos. Si existe una diferencia significativa, **los deberes deben ser modificados**.

- Ten en casa otro juego de libros de texto si ves que son necesarios.

¿Cuáles son las habilidades más importantes que debería enseñar?

Hay muchas áreas de estudio, guías de currículums, filosofías educacionales. Las escuelas tienen sus propias directivas mientras que cada maestra en particular y los padres pueden tener sus propias opiniones y prejuicios. Cada estudiante llega con su exclusivo bagaje de fortalezas, intereses y necesidades. El horario escolar es limitado, y hay mucho para hacer.

El programa TEACCH trabaja con niños, adolescentes y adultos que han sido educados en diversos medios, desde hogares especiales, escuelas privadas, clases especiales y residencias permanentes. Hemos visto las habilidades que desarrollan hasta el momento en que dejan el sistema escolar para entrar al mercado laboral. Con esta amplia gama presente, estamos constantemente capacitándonos para evaluar los programas educacionales, basándonos en cómo afectan éstos a la vida de los adultos con autismo.

No importa qué tan talentoso o hábil sea tu hijo, o cuántos conocimientos posea: si es inflexible y no puede tolerar los cambios, si es desorganizado y requiere constante sostén, si se obsesiona con determinados temas y no puede desviar su atención de éstos, si no puede seguir una instrucción o se resiste y se enoja cuando le indican qué hacer, entonces será incapaz de mantener un trabajo.

Para expresarlo más simplemente, para el momento en que tu hijo alcance la adultez, será imprescindible que haya aprendido a ser organizado, a funcionar *(en trabajo y juego)* de manera independiente, a utilizar sus fortalezas y habilidades de una manera positiva y/o productiva, a comunicarse efectivamente.

Para la mayoría de los adultos y adolescentes con autismo, el horario y otras estrategias educativas estructuradas juegan un papel crucial en su vida del adulto y en su vida laboral.

Recuerda la información introductoria sobre el horario (pags. 36-49). Cuando se usa asiduamente y coherentemente, ayuda a que tu hijo sea más flexible, organizado, controla sus obsesiones, maneja su tiempo libre, lo ayuda a seguir instrucciones, y a llevarse mejor con los demás. **Todas estas son las habilidades requeridas en cualquier lugar de trabajo.**

Si un niño con autismo de alto funcionamiento no ha logrado aprender a usar un horario u otros tipos de enseñanza estructurada, posiblemente carezca de las herramientas que le permitan funcionar de manera independiente y con éxito, no importa lo listo que sea.

Un trabajo implica más que recibir un salario a fin de mes. El lugar de trabajo es una fuente diaria de contacto social. ¿Cuántos de nosotros pasamos más tiempo con nuestros compañeros de trabajo que en nuestro hogar o con nuestros amigos? Y muy a menudo nuestros compañeros de trabajo se transforman en nuestros amigos. Entonces, la constancia de un trabajo cumple también una necesidad social.

El entrenamiento de las habilidades diarias comienza desde pequeño

Incorpora diariamente el horario y las otras estrategias educativas estructuradas. *Úsalas de manera creativa y flexible, en todos los lugares que quieras: escuela, hogar.* Enséñale a tu hijo que las listas son herramientas de gran ayuda si las usa con continuidad. Aunque suene muy simplista, la habilidad de tu hijo para seguir una instrucción por sí mismo puede ser el motor que lo conduzca en su vida adulta, más que cualquier otro conocimiento que pueda adquirir en la escuela. Cuando planifiques su programa educacional, asegúrate que:

- Recoja su diagnóstico formal e informal

- Tenga en cuenta su particular estilo de aprendizaje

- Fomente sus potencialidades y dones naturales

- Preste atención a sus necesidades más importantes

- Determine las metas educacionales en base a todo lo anterior

- **…y le enseñe a trabajar de manera independiente usando y siguiendo un horario, un esquema de trabajo e instrucciones escritas** *(Ver pags. 36-49, 167, 171-173 y 194-196)*

El área tranquila

Como se menciona en el Capítulo 3, el *área tranquila* puede proporcionar un respiro a las demandas, frustraciones y bullicio que componen la vida diaria para muchos niños con autismo. Identifica un lugar dentro de la clase que puede servir como área tranquila, puede estar en una esquina del salón o en el pasillo o en otra habitación. Un adulto mencionó que para él hubiera sido muy conveniente *" si se me hubiera permitido ir a algún lugar tranquilo, cuando la situación era intolerable, para que así yo me calmara y...eso me habría ayudado mucho. "*

Para algunas maestras, el justificar el empleo de esta área tranquila frente al resto de sus estudiantes constituye una gran preocupación. Generalmente, lo más aconsejable es decir la verdad "A veces Juan necesita estar en un lugar más tranquilo, para que él también pueda concentrarse y estar tranquilo." Los niños aceptarán esta explicación porque es simple, clara y honesta. Dos resultados positivos que se pueden obtener al usar un área tranquila son:

1. Prevención

Incluyendo en el horario del niño un tiempo para estar en el área tranquila, se puede prevenir la angustia y el apabullamiento que lo pueden alterar. La distribución del tiempo asignado a esta área se determina luego de una cuidadosa observación. Algunos niños quizá solamente necesiten una visita durante el día, otros requerirán más. Descubrirás que a algunos les conviene ir *antes* de hacer determinada actividad, y a otros *después*. Las necesidades fluctuarán según las circunstancias.

2. Auto conocimiento

A medida que el niño se vaya acostumbrando a ir al área tranquila, aprenderá a conocerse más a sí mismo. Muy probablemente aprenda a reconocer cuándo se está poniendo nervioso o angustiado, y aprenda a dirigirse al área tranquila por sí mismo. Sabrá qué hacer allí. Adapta entonces su horario a las observaciones que realices de tu niño.

En el Capítulo 11 se verán más estrategias que alivien y prevengan la ansiedad.

¿Por qué es así?

Muchos padres son renuentes a hablar de forma directa con otros estudiantes y personas significativas del ámbito escolar, explicando que su hijo tiene autismo o Síndrome de Asperger. La mayoría de los padres no quiere que se piense que su hijo es diferente. Quizá, si las diferencias no se mencionan, su hijo será "como todos los demás". O quizá, hasta pasen desapercibidas.

Por supuesto que la meta que buscamos es que cada individuo sea respetado y apreciado, con todo su bagaje de rarezas y peculiaridades. Nuestro desafío consiste en lograr esto. ¿Cómo hacemos para crear un ambiente de mutuo respeto, donde la humanidad de cada niño sea aceptada y celebrada? ¿Cómo hacemos para crear un entorno donde "la diferencia ya no sea más una diferencia", como se dijo tan elocuentemente al principio de este libro?

La verdad es que aún cuando ni la maestra ni los padres señalen al resto del grupo que tu hijo tiene autismo, o simplemente que no digan que es diferente en ciertos aspectos, los niños ya lo intuyen. Como resultado, completan la información *faltante* con la *errada.* (*"Debe ser loco/ estúpido/ raro..."*). Como consecuencia, las actitudes varían desde ignorarlo, gritarle cosas, apodarlo y burlarse de él. Las respuestas dependen de las características de tu hijo, la edad de los niños, y el clima general de la clase.

Hay una alternativa. Es educar.

Programas para enseñar a los demás niños

Preguntas formuladas sin tapujos y respuestas honestas son lo mejor para lograr comprensión, aceptación y empatía. Desde 1985, la autora ha dialogado con más de mil estudiantes de todas las edades, sobre sus compañeros que tienen autismo. En casi todas las instancias, se mostró un cambio positivo e inmediato de actitud, a posteriori de las explicaciones. Algunos estudiantes hasta demostraron más que un genuino interés. El programa *Understanding Friends (Comprendiendo a los amigos)* ha sido creado por esta autora para educar a compañeros de niños con autismo.

Es un programa simple, que se adapta a los distintos niveles educativos. Los niños aprenden que aunque las personas son diferentes, todos somos iguales en la medida que merecemos ser comprendidos y aceptados por lo que somos.

Understanding Friends comienza con una introducción durante la cual se explora la diversidad de caracteres que hay en la clase. Luego los niños van rotando por distintos centros que están instalados para estimular "diferentes habilidades": motriz fina, visual, sensorial, perceptual y de procesamiento auditivo. Posteriormente, se introduce el término autismo, y siguen preguntas y respuestas sobre el compañero que tiene autismo. A menudo, el programa finaliza leyendo un libro sobre el tema dirigido a los niños. Un plan de este programa se puede encontrar en la página de web de TEACCH *(ver Fuentes Recomendadas al final del libro)*.

El Sexto Sentido (The Sixth Sense) fue desarrollado por Carol Gray como un medio para explicar por qué algunas personas tienen dificultades para comprender la interacción social. Consiste en una presentación corta, que comienza con una exposición de los cinco sentidos e introduce el concepto del "sentido social" como sexto sentido. Se define "sentido social" como la capacidad de tomar la perspectiva del otro, de ponerse en su lugar. Este programa en particular está pensado para niños de tercer grado en adelante, pero también se puede usar para explicar las características del autismo a personas adultas. La guía para presentarlo se encuentra incluida en la obra *Taming the Recess Jungle*, de Carol Gray, cuya referencia se encuentra en *Fuentes Recomendadas*, al final del libro.

Susan Moreno, en su folleto **High-Functioning Individuals with Autism: Advice for Parents and Others Who Care**, publicado por MAAP, describe una manera de simular problemas de procesamiento sensorial, tan comunes en personas con autismo. Usando una luz incandescente, una radio, guantes de distintas texturas, e instrucciones verbales, los estudiantes comunes pueden experimentar la confusión que se siente cuando la realidad sensorial se presenta extraña y distorsionada. Más información sobre este folleto se encuentra en Fuentes Recomendadas, bajo el numeral MAAP *(More Able Autistic People) (Personas Autistas Más Capaces)*.

Sobre el autismo y tu hijo

No se necesita tener un programa formal para hablar de autismo con los compañeros de clase de tu hijo. Tu predisposición a hablar del tema es ciertamente la clave. Tus explicaciones deben ser sencillas, abiertas, directas, reales y proporcionar confianza. La información de las páginas de este libro te puede ayudar a planear qué decir. La mayoría de los niños *quiere* comprender, y cuando lo hacen, es cuando se da el poder transformador de la educación.

Dependiendo de la madurez de tu hijo y del tamaño de la clase, puede resultar más conveniente arreglar para que tu hijo no esté presente durante estas exposiciones. Sus compañeros de clase son más proclives a formular preguntas si él no se encuentra escuchando. En la mayoría de las ocasiones, dependiendo de tu hijo, se le debería decir que se va a hacer una exposición sobre el tema autismo (o *diferencias*, cualquiera sea el término que uses). Generalmente, el niño prefiere no estar presente, aunque sí quiere con posterioridad saber de qué se habló.

En aquellos casos en que el niño *elige* estar presente, es imperativo que sepa a priori qué es lo que va a pasar y de qué se va a hablar. Si tu hijo estará presente, debe tener un conocimiento previo de lo que es el autismo y como lo afecta. Esta **no** debe ser la primer charla sobre autismo a la que asista. Si tiene que estar presente, debe saber con certeza que él tiene autismo. En este caso, quizá quiera él mismo responder a las preguntas que se planteen.

Si eres una maestra que quiere educar a sus estudiantes en el tema del autismo y como se relaciona con su compañero de clase, está demás decir que previamente debes contar con la aprobación de los padres. Dependiendo de la edad y del nivel de comprensión del niño, también sería conveniente pedirle su consentimiento. Hay infinidad de situaciones en las que el momento de hablar del tema aún no ha llegado. Más allá de la ética de la confidencialidad, a la cual se apela aquí, resulta imperativo respetar el deseo de los padres y del niño.

Capítulo 10 : Los Amigos

Libro de trabajo

Dibujo de María White, 1999
21 años

...igo?

... mi familia, pero que es

...rque nos agradamos. Un
...s momentos divertidos
...r las **mismas cosas**.

...resaltar lo que se ajusta a

- Me gusta...
- No me gusta tener un amigo
- Yo tengo un amigo. Su nombre es _____.
- Yo tengo muchos amigos. Sus nombres son _____
_____.
- Otros: _____.

Estas son las cosas que me gusta hacer con mi amigo:

1. _____
2. _____
3. _____
4. _____

Jugar con los amigos

A algunos niños les gusta pasar mucho tiempo con los amigos, jugando y charlando. A otros niños les gusta jugar solos. **Yo voy a marcar lo que se ajusta a mí.**

1. A mí me gusta:

   - jugar con un sólo amigo a la vez
   - jugar con un grupo de amigos a la vez
   - jugar yo solo
   - algunas veces jugar solo y otras veces jugar con mis amigos

2. A mí me gusta mucho:

   - jugar con niños
   - jugar con niñas
   - jugar con chicos más pequeños que yo
   - jugar con chicos más grandes que yo
   - jugar con chicos de mi edad
   - jugar con adultos
   - jugar con _____ (nombre de la persona)

3. Cuando yo estoy con mis amigos, me gusta:

   - jugar solo, pero en la misma habitación que mis amigos
   - mirar como juegan mis amigos, pero no meterme mucho
   - primero mirar como juegan mis amigos, luego jugar yo con ellos
   - jugar con mis amigos la mayor parte del tiempo
   - no estar con ellos, prefiero jugar solo

Los Amigos

Vamos a fingir

A la mayoría de los niños les gusta imaginar. Les gusta imaginar que son alguien diferente. Ellos pueden hablar de manera distinta. Ellos pueden decir que son otra persona. Ellos saben que esto **no es verdad**, pero a la mayoría les parece divertido.

A la mayoría de los niños con autismo no les gusta jugar a imaginar que son alguien más.

Yo voy a encerrar en un círculo o resaltar lo que se ajusta a mí.

- No me gusta imaginar que soy alguien más.
- No sé cómo jugar a ser alguien más.
- Creo que jugar a imaginar que soy otro es tonto o sin sentido.
- Me gustaría poder imaginar que soy alguien más.
- No me gusta imaginar que soy alguien más. Me gusta jugar a otras cosas.
- Las cosas a las que me gusta jugar son : _____.

A algunos niños con autismo **sí** les gusta jugar a imaginar que son alguien más. Ellos pueden imaginar un mundo de fantasía e imaginar que están en él. Si a mí me gusta imaginar, entonces voy a marcar lo que se ajusta a mí. (si no me gusta jugar a imaginar, entonces paso a la página siguiente)

- Me gusta jugar a imaginar
- Generalmente me gusta jugar a imaginar cuando estoy solo
- Generalmente me gusta jugar a imaginar cuando estoy con otros niños
- Me gusta que los otros niños jueguen a lo que yo me imagino
- Me gusta copiar lo que otros niños imaginan
- Otros: _____.

Los Amigos

Jugar afuera

A muchos niños les gusta jugar afuera. Hay muchas cosas para hacer afuera.

Yo voy a encerrar en un círculo o resaltar lo que se ajusta a mí.

A mí me gusta ser *activo*, como:

- Jugar en la plaza, en el tobogán , las hamacas, los caños, _____.
- Tirar y agarrar una pelota
- Andar en bicicleta
- Jugar al básquetbol
- Saltar a la cuerda
- Jugar a la rayuela
- Andar en skate
- Patinar
- Andar en kart
- Correr
- Otros: _____.

Me gusta ser *más quieto y menos activo*, y hacer cosas como:

- Sentarme quieto
- Quedarme acostado
- Escuchar cantar a los pájaros
- Mirar pequeñas cosas como los insectos o el pasto
- Caminar
- Jugar con arena o cavar en la tierra
- Otros: _____.

Correr y otras habilidades motrices

Correr forma parte de muchos juegos. Correr es una **habilidad motriz**. La palabra *motriz* se refiere a nuestra habilidad para movernos.

Algunas niños tienen mucha habilidad motriz. Eso significa que pueden correr, saltar, treparse, lanzar, agarrar, y moverse rápido, fácilmente y sin esfuerzos. Ellos tienen un buen balance y una buena coordinación.

Correr, saltar, lanzar y agarrar pueden ser actividades muy difíciles para algunos niños. Quizá ellos no son capaces de moverse rápido y sin esfuerzos. Su cuerpo puede moverse de una manera que parece "rígida" o "fofa".

Algunos niños con autismo tienen muy buena habilidad motriz, pero muchos niños con autismo de alto funcionamiento o Síndrome de Asperger tienen dificultades con su motricidad.

Yo voy a encerrar en un círculo o resaltar lo que se ajusta a mí.

- Yo puedo correr y saltar sin problemas
- Me resulta fácil lanzar y agarrar una pelota
- Generalmente nunca me tropiezo con las cosas ni me caigo
- Es difícil para mí lanzar y agarrar una pelota
- Tengo dificultades para correr y saltar
- A menudo me tropiezo con las cosas, y me caigo
- Me gusta correr
- No me gusta correr
- Otros: _____.

Ganar y perder

Muchos juegos terminan cuando alguien gana o pierde. Generalmente un sólo jugador o equipo puede ganar el juego. Los otros jugadores pierden ese juego.

A la mayoría de los niños les gusta ganar. Ellos se pueden enojar o ponerse tristes cuando están perdiendo. Cuando los niños juegan a cierto deporte y se ponen mal, muy muy mal porque van perdiendo, es porque no son **buenos deportistas**. Un mal deportista es un niño que grita mucho, dice malas palabras, tira su equipo, trata de pegar a otro, o hace algo que es grosero. Los malos deportistas arruinan el juego. No es lindo arruinar un juego.

Muchos niños creen que ellos deben ganar siempre. Ellos piensan que ganar está bien. Ellos piensan que perder está mal. Por eso se ponen mal cuando pierden.

Pero no se puede ganar siempre. Una persona sabia dijo una vez: *"A veces gano, y a veces pierdo"*. Ganar y perder forma parte del ser humano.

Ganar y perder *no es lo mismo* que bueno y malo.

Los buenos deportistas pueden perder un juego y aún ser buenos. Yo voy a tratar de ser un buen deportista, cuando gano y cuando pierdo.

La mejor manera de jugar es siendo un buen deportista.

Ser un buen deportista

Un buen deportista es una persona que trata de jugar lo mejor que puede. Al final del juego puede ganar o perder. Los buenos deportistas no gritan palabras feas, ni le pegan a alguien, ni ____ _____.

Como ser un buen deportista

Cuando el juego termina, yo le doy la mano a todos los demás, A los niños que ganaron y a los niños que perdieron, les digo:

Buen juego!

A la gente le gusta jugar con buenos deportistas. Yo puedo practicar a ser un buen deportista. Yo voy a decir **"Buen juego!"** en casa con mi familia mientras les doy la mano. Podemos repetir juntos lo que alguien sabio dijo:

"A veces gano, y a veces pierdo!"

Equipos

Algunos juegos se hacen con equipos. Un equipo es un grupo de niños que juegan juntos, contra otro equipo.

Algunos equipos tienen muy pocos niños. Algunos tienen muchos niños.

Los juegos y deportes que necesitan equipos para jugar resultan difíciles para que un niño con autismo los entienda. **Yo voy a marcar lo que se ajusta a mí.**

Jugar en equipos me resulta confuso porque:

- A veces me olvido de quien está en mi equipo.
- No siempre me acuerdo de lo que tengo que hacer
- Hay mucho para hacer al mismo tiempo
- Tengo dificultad para lanzar o agarrar una pelota, o correr
- Otros: _____.

Algunos niños con autismo se divierten más si practican un *deporte individual*. Ellos pueden estar en un equipo, pero los miembros no tienen que jugar todos juntos al mismo tiempo. A mí me gustaría probar :

- Nadar
- Caminatas en el campo
- Andar en skate
- Andar en bicicleta
- Jugar al ajedrez
- Otros: _____.

Un amigo viene a mi casa

Jugar con amigos resulta divertido para muchos niños. Pero hay algunos que *se divierten más cuando juegan solos*.

Algunos niños con autismo quieren tener amigos, pero *no saben cómo hacer para tenerlos*. O intentan jugar con un amigo, pero no se divierten mucho.

Yo voy a encerrar en un círculo o resaltar lo que se ajusta a mí.

- Me gusta ir a la casa de mi amigo
- Prefiero quedarme en casa jugando solo
- Me gusta que un amigo venga a casa. Para prepararme yo sigo esta lista:

Invito a un amigo a venir a casa por una o dos horas

Antes de que mi amigo llegue, mis padres y yo hacemos una lista de las cosas que podemos hacer (incluyendo la merienda)

☐ Algunas cosas de la lista pueden ser las que yo prefiero y otras las que mi amigo prefiera.

☐ Mi amigo y yo nos turnaremos para elegir de la lista las cosas que vamos a hacer. Podemos pasar 10 minutos con cada actividad (o un tiempo parecido)

☐ O también mis padres pueden hacer un horario para que mi amigo y yo sigamos.

☐ La última cosa que hagamos la va a elegir mi amigo, porque él es el invitado

Llevarme bien con mi amigo

Un amigo no se burla de mí. El trata de ser amable conmigo. Yo también trato de ser amable con él.

A mí me gusta mi amigo, pero algunas veces no nos ponemos de acuerdo. Mi amigo puede enojarse conmigo. Quizá, *a veces queremos hacer cosas distintas.*

Pero los amigos no se quedan enojados por mucho tiempo y por eso mi amigo y yo probablemente volvamos a jugar juntos.

Podemos hacer algo para evitar pelearnos. Tenemos que intentar llevarnos bien. Podemos consultar esta lista:

1. Si discutimos, decimos "Perdóname" o "Lo siento mucho"
2. Entonces decimos: "Vamos a jugar otra vez"
☐ 3. Podemos escribir una lista con las cosas que a mí me gusta hacer
☐ 4. Podemos escribir una lista con las cosas que a mi amigo le gusta hacer
☐ 5. Vamos a hacer un círculo a las cosas que nos gusta hacer a los dos
☐ 6. Escribimos una nueva lista: "Las cosas que nos gusta hacer juntos"

No pasa nada si hay cosas que a mí me gusta hacer y a mi amigo no. *Yo puedo hacer esas cosas más tarde, solo o con otra persona.* Los buenos amigos saben cómo llevarse bien.

Los Amigos

Yo me pregunto por qué...

Hay algunas cosas de los otros niños que yo no entiendo. *Yo me pregunto por qué hacen lo que hacen.*

Aquí hay una lista de las cosas que yo no comprendo. ¿Por qué los otros niños hacen estas cosas?

1. ¿Por qué _____?

2. ¿Por qué _____?

3. ¿Por qué _____?

4. ¿Por qué _____?

5. ¿Por qué _____?

6. ¿Por qué _____?

7. ¿Por qué _____?

8. ¿Por qué _____?

Los Amigos

¿Deben mis amigos saber sobre el autismo?

Quizá los amigos no siempre entiendan lo que yo hago o lo que yo digo.

**Tener autismo me afecta a mí,
y también afecta a mis amigos.**

Mi amigo puede *entenderme mejor* si sabe que yo tengo autismo. Entonces, yo también podré entenderlo mejor a él.

Mis padres me pueden ayudar a decidir cuáles amigos deben saber sobre mí y el autismo.

Nosotros pensamos que estos son los amigos que deberían saber:

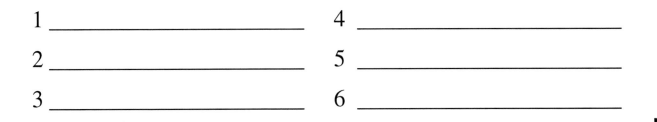

1 _____   4 _____

2 _____   5 _____

3 _____   6 _____

Los Amigos

Ver Capítulo 9 para más información sobre enseñar a los demás sobre el autismo

Para Padres y Maestros

" Si lo que se persigue con la interacción social es sentirse bien- no peor- entonces la gracia está en encontrar lo que me ayuda y me sirve a mí."

— Dave Spicer, hablando de situaciones sociales

Ideas en este Capítulo

- Algo para pensar
- Diagnóstico
- Identifica lo divertido desde el punto de vista de tu hijo
- Proporcionar la estructura necesaria
- La fórmula para una interacción social exitosa
- Amigos, compañeros y demás
- Individualizando el quehacer social: Una gran fiesta no siempre resulta divertida!
- Historias sociales y Conversaciones de historietas
- Estamos todos juntos en esto
- Verdaderos amigos
- Grupos sociales: conocer a otras personas con autismo.

Algo para pensar

El tema de los amigos puede resultar bastante sensible para los padres de niños con autismo de alto funcionamiento. Puede ser muy doloroso ver cómo los demás niños del vecindario juegan juntos y se hacen de amigos casi sin problemas y espontáneamente. No requieren de grandes esfuerzos, si se compara con los que hace tu hijo, lleno de ansiedad, resistencia y fracasos. Las dificultades en el área de la socialización son las que primero surgen para las personas con autismo. Y, mientras muchos de estos individuos luchan con esta dificultad, es importante recordar lo que una joven mujer con autismo me dijo una vez, mientras preparaba una charla dirigida a varios maestros:

"Diles que no juzguen mi felicidad comparándola con la felicidad de ellos. Diles que a mí me gusta estar sola."

Primero que nada, tenemos que respetar los deseos de nuestros niños. Algo que a ti te preocupe sobre su vida social, a él puede no interesarle para nada.

Por otra parte, podemos ayudar a que nuestros niños comprendan el sentido de la interacción social, ayudándolos a través de juegos o actividades compartidas. Haciendo esto, les damos la oportunidad de que se enganchen en actividades sociales que de otra manera, resultarían bastante estresantes.

Diagnóstico

Así como lo has hecho en otras áreas del desarrollo de tu hijo, la adquisición de las habilidades sociales debe comenzar con un adecuado diagnóstico. Considera los siguientes tres principios introducidos por el Programa TEACCH para la interacción social: identificar lo que le gusta a tu hijo, hacer un diagnóstico de su nivel actual de interacción social, y proporcionarle la estructura necesaria para que se divierta y tenga éxito en su interacción. A continuación se explican más en profundidad estas tres áreas de diagnóstico. (Los programas de entrenamiento de TEACCH se encuentran en su página web, listada en *Fuentes Recomendadas*, al final del libro).

Identificar lo divertido desde el punto de vista de tu hijo

A la mayoría de los niños "típicos" le resulta divertido estar con otros niños. El contacto social puede transformar un día aburrido en un día divertido. Probablemente no ocurra así con tu hijo con autismo. El hecho de estar con otros niños no tiene por qué parecerle divertido. Si las maestras y los padres quieren que el niño aumente su interacción social, deben pensar primero en lo que realmente le divierte. ¿Qué es lo que él considera disfrutable? ¿Qué le *atrae*? ¿Qué hace *para divertirse?*

Recuerda: que una actividad parezca divertida para muchos niños, no significa que sea divertida para tu hijo.

Diagnóstico 1) ¿Qué es divertido?

Haz una lista con las cosas que le gustan a tu hijo. No te olvides de las obvias *(computadora, dibujar, etc.)* y fíjate en aquellas pequeñas cosas. ¿Qué le llama la atención cuando mira por la ventanilla del auto? ¿Qué figuras se detiene a mirar cuando hojea una revista? ¿Qué estaba haciendo o mirando cuando lo oíste reír? ¿Qué le gusta mirar? ¿Qué texturas le agrada sentir? Cuando te des cuenta que algo le llama la atención, aún por breves momentos, anótalo en esta lista para recordarlo en el futuro.

Evalúa su grado de interacción social

Así como la introducción y la enseñanza de nuevas habilidades cognitivas comienza con un adecuado diagnóstico de las habilidades ya adquiridas y de las emergentes, también debe hacerse lo mismo cuando se trata de enseñar habilidades en el área de la socialización. *¿En qué nivel se siente más cómodo tu hijo? ¿Qué destrezas sociales ha adquirido?*

Mientras que la mayoría de los niños dominan cada uno de los siguientes pasos antes de entrar en el jardín de infantes (5 años), es común en los niños con autismo sentirse más cómodos en uno de los niveles más básicos de interacción social, donde las relaciones se dan de manera más natural, espontánea, disfrutable y menos ansiosa. *¿Qué es lo que hace tu hijo, con quién, sin que tú lo alecciones? ¿Cuál es su nivel corriente de interacción social espontánea?*

1. Proximidad

¿Es tu hijo capaz de tolerar la presencia de otros a su lado mientras está jugando? Un infante que domine o esté adquiriendo esta capacidad es aquél que permanece en el mismo sitio, con otros niños, mientras juega. No se necesita establecer una interacción, pero sí que exista un cierto disfrute por estar jugando mientras los demás están a su alrededor. Si por el contrario, tu hijo busca continuamente el alejamiento, esto indica que aún no ha logrado sentirse cómodo en este nivel. Un adulto con autismo dijo una vez que

> *"Yo puedo ser torpe cuando estoy con otras personas... pero me gusta su proximidad aún cuando no interactúe con ellos. Me gusta estar cerca de los demás"*

2. Mirar

¿A tu hijo le gusta mirar a los demás y ver lo que están haciendo? ¿Los mira cuando están jugando? ¿Le interesa lo que están haciendo?

3. Juego paralelo

¿Juega tu hijo al lado de otros niños aunque cada uno esté haciendo su propio juego? *Un adulto con autismo comentó que éste era el nivel en el cual se sentía más cómodo. Salir a caminar tranquilamente con alguien o salir a correr con otro son las actividades sociales que más disfruta.*

4. Compartir

Cuando tu hijo está jugando, ¿se siente cómodo compartiendo sus juguetes? ¿Está dispuesto a prestarlos?

5. Cooperación

¿Es tu hijo capaz de jugar en un grupo de niños, usando los mismos materiales o juguetes, al mismo tiempo? Ejemplos de juegos cooperativos serían cuando se hace un rompecabezas con otro, cuando se saca un trozo de plasticina de un pedazo más grande, cuando se arma un edificio con otros niños utilizando bloques, o cuando se hacen galletitas utilizando los mismos utensilios y masa.

6. Tomar turnos

¿Entiende tu hijo lo que es esperar su turno? ¿Puede seguir la secuencia de la ronda y anticipar cuando será su turno y cuando el de alguien más? ¿Presenta dificultades cuando se trata de esperar su turno?

7. Reglas

Los juegos de mesa tradicionales, así como los juegos físicos practicados en un gimnasio o plaza, están regidos por reglas. ¿Comprende tu hijo las reglas y las sigue? ¿Qué pasa con las reglas que no están escritas, pero que igual existen? Un adulto con autismo mencionó que, cuando era niño, "todos parecían saber qué hacer, menos yo".

Diagnóstico 2) Nivel de interacción social

Trata de observar objetivamente a tu hijo. Revisa nuevamente los siete niveles antes explicados, y contesta *ahora* estas preguntas:

¿Qué nivel (es) le es más difícil?

_____

¿Qué nivel (es) de interacción desea más, sin presentar problemas?

_____

¿En qué nivel se siente más cómodo?

_____

Después de evaluar (1) lo que le resulta divertido, (2) en qué nivel está, entonces estás listo para determinar (3) la estructura necesaria para enrolarse en determinada actividad social.

Proporcionar la estructura necesaria

Mira la situación social a través de los ojos de tu hijo. ¿Cómo sabe él qué hacer, cuándo empezar, cuánto durará, cuando terminará, qué puede esperar de la otra persona? Fíjate en el tipo y grado de estimulación que brinda el entorno. Trata de imaginarte el mundo a través de los ojos de tu hijo, y de su capacidad sensorial.

Cuando sea necesario, agrega más estructura. Quizá sea conveniente realizar la actividad en otra habitación, lejos de ruidos altos o actividades que lo puedan distraer. Utiliza su horario, de manera que *pueda anticipar cuando comienza y cuando termina la actividad.* Las instrucciones escritas organizan la actividad *separándola en etapas y mostrando la secuencia de éstas.* Las estructuras visuales esclarecen otros puntos, tales como: *donde pararse, de quien es el turno, donde colocar las cosas, y qué está pasando.* La estructura visual puede lograrse colocando etiquetas o asignando un código de color. También se pueden utilizar tarjetas con una palabra clave escrita en ellas, que le indiquen al niño *qué decir* en determinado momento.

Evita en lo posible que se ponga a adivinar lo que está sucediendo. Haz lo que sea necesario para proveerle de la estructura adecuada, de manera que la actividad resulta divertida… *y la quiera hacer otra vez.*

Diagnóstico 3) Estructura

Imagínate en otra cultura, o en otro planeta. ¿Qué te preguntarías frente a determinada situación social? Fíjate lo que la "mayoría piensa", observa a tu hijo, y trata de imaginar el mundo desde su punto de vista. Pregúntate por ejemplo:

- ¿Dónde se supone que me tengo que parar/ sentarme/ mover?
- ¿Es éste mi turno?
- ¿Qué hago ahora?
- ¿Cuánto va a durar esto? ¿Ya terminó?
- ¿Por qué aquí está tan frío/caliente/ruidoso/temeroso…?
- ¿Qué puedo hacer para alejarme del ruido, etc?

Agrega *estructura* para esclarecer, simplificar, y hacer las cosas más fáciles. Escribe las *historias sociales* que informen de determinado tema.

Ahora estás en condiciones de juntar toda la información que has reunido.

La fórmula para una interacción social exitosa

Ten siempre presentes estos tres principios fundamentales, y recurre a la siguiente fórmula para guiarte cuando planifiques las actividades sociales que tenga tu hijo.

Lo que es divertido para tu hijo +
Su nivel de comodidad social +
Estructura = Exito Social

Tu plan :

Cuando estés en casa, considera las siguientes ideas al planificar el próximo cumpleaños de tu hijo o reunión familiar. En la escuela, recuerda estos principios cuando escribas sus "metas sociales":

1. **Algo que divierte a tu hijo:** _____

2. **Comúnmente, se siente más cómodo y disfruta del nivel social:** _____

3. **Estructura específica que le ayuda:** _____

_____

_____

_____

¿Cómo hacer para propiciar la situación social en particular que tienes en mente, utilizando la *fórmula para una interacción social exitosa?*

_____

_____

_____

Para recordar la importancia del *éxito*, recurrir a la página 34.

Amigos, compañeros y demás

Hace muchos años, en el Centro TEACCH de la ciudad de Chapel Hill, los terapistas identificaron algunos de los roles más comunes que juegan los amigos en el ámbito escolar.

Examinando estos roles, podemos tener una idea de la forma en que podemos identificar a los "compañeros" de los niños con autismo, para que faciliten el desarrollo de amistades. Según las necesidades de tu hijo y del ambiente escolar, identifica a el/los compañeros que pueden calificar para estos roles.

1. Tutor
2. Compañero de almuerzo
3. Compañero para las "especiales" como arte, música...
4. Compañero para los ratos libres
5. Compañero extra-curricular (club etc)
6. Compañero para hacer los deberes
7. Compañero de proyecto
8. Compañero de viaje (autobús, volver caminando)
9. Compañero del barrio

El éxito de estas relaciones depende de ambos niños, que tengan en común intereses y experiencias, así como que surja un deseo del compañero de comprender y sentir empatía por tu hijo. Tu hijo también debe tener un deseo auténtico de compañía. *Adiestra al compañero por anticipado, para que sepa utilizar las estrategias estructuradas que estén a su alcance.* Ayúdalo a comprender cómo el autismo afecta a tu hijo, tanto de manera positiva como negativa. Quizá convenga que releas la información sobre cómo explicar a los pares el autismo, expuesta en las páginas 187, 212-214.

Recuerda que para muchos niños con autismo, a veces alcanza con una persona a la vez

Individualizando el quehacer social: Una gran fiesta no siempre resulta divertida!

La práctica aceptada de incluir al niño en múltiples grupos, con cantidad de niños, puede ser un error. Una observación cuidadosa, antes, durante y después de estar en el grupo, puede revelar que la inclusión puede no ser tan divertida desde su punto de vista. *Si esto es cierto*, el estar en grandes grupos puede perjudicar el desarrollo de tu hijo, en vez de fomentarlo.

Cuando alguien se encuentra invitado a un acontecimiento en el cual piensa que no se va a sentir bien, lo más natural es que no concurra, o por lo menos, piensa en volver a casa lo antes posible. ¿Por qué sería distinto para un niño con autismo, que se encuentra permanentemente desafiado por los aspectos sociales de la vida? Como el área social no es una de las más fuertes en las personas con autismo, es imperativo que los métodos que se usen sean pensados y estructurados acorde. Es mucho más que hacerlo "participar físicamente de un grupo".

Quizá descubras que una actividad estructurada, realizada regularmente, con un sólo compañero, sea la que más diversión, confianza y deseo de repetir inspire en tu hijo. Pregunta a tu hijo donde se siente más cómodo, si en grupo con varios niños, o con uno donde la actividad sea más estructurada y menos dejada al azar.

Un próximo paso puede ser incluir la actividad uno-a-uno dentro de la actividad general del grupo. Esto solamente se puede llevar a cabo si se ha logrado hacer con éxito la citada actividad en un ambiente más pequeño, tranquilo o estructurado.

Respetando las diferencias del niño: sensoriales, cognitivas, motoras, de comunicación, y construyendo en un entorno de diversión, predecibilidad, orden, familiaridad, y preferencias individuales, se logrará el verdadero éxito social.

Historias sociales y Conversaciones de historietas

Tal como se explicó en la página 98, las historias sociales pueden ser escritas para esclarecer situaciones sociales problemáticas. Las Conversaciones de historietas (pag 129) pueden ser utilizadas por los padres o maestros para descubrir la perspectiva que tiene el niño frente a determinada situación.

Las historias sociales se escriben en un tono casual, que le otorgue al niño, desde su punto de vista, la seguridad que necesita. En la historia el niño percibe desde su punto de vista, el mundo tal como lo perciben los demás -los neurotípicos, los "no autistas"-. Basado en la información que recibe, el niño se va formando una imagen del mundo que le permite que la situación social expuesta comience a tener sentido para él.

Escribe las historias sociales cuando el comportamiento de tu hijo indique que hay algo que no comprende, pero también *utilízalas para resaltar sus éxitos en materia social*. En efecto, Carol Gray recomienda que escribamos una historia social para que nuestros niños sepan que sabemos los logros que están obteniendo, y aumentar así su autoestima. Ver más datos sobre las publicaciones de Carol Gray en *Fuentes Recomendadas*, al final del libro.

Estamos todos juntos en esto

Además de promover el éxito social considerando lo que divierte al niño, cuando se siente más cómodo, agregando más estructura visual, fomentando los amigos y escribiendo historias sociales, hay un factor esencial que nombraremos a continuación:

Ayuda a los adultos y niños que rodean a tu hijo a repensar sus interpretaciones sobre las actitudes de tu niño. Pensamientos como "él no me quiere porque no me mira a los ojos" o "no se divierte porque está solo" no son necesariamente verdaderos.

Ayúdalos a entender que el autismo implica algunas diferencias que no siempre pueden ser interpretadas con los parámetros típicos de una sociedad. Muéstrales este libro y déjales ver lo que tú y tu hijo han marcado en estas páginas.

Ayúdalos a aprender qué *pueden cambiar en sí mismos* para poder ser mejores amigos de tu hijo. Que puedan identificar en sus acciones aquellas que más confunden a un niño con autismo. Cambiar y aprender no son solo tareas para quien tiene autismo. Por definición, la amistad es un tema de a dos, por lo tanto el aprender, investigar y comprender también debe ser recíproco. *Estamos todos juntos en esto.*

Verdaderos amigos

Probablemente hay personas en la vida de tu hijo que lo encuentran, así como es, un individuo fascinante. Probablemente habrá otras en el futuro que también sientan lo mismo. A medida que tu hijo crezca, ayúdalo a apreciar a estas personas, a disfrutar y a interesarse por ellas. Encuentra un mentor, alguien además de ti y tu esposo/a , que esté allí para él cuando vaya creciendo. La relación que se establezca entre tu hijo y el mentor quizá no parezca muy ortodoxa, pero a su manera es sincera y positiva.

Grupos sociales: conocer a otras personas con autismo

Durante muchos años en el estado de Carolina del Norte (USA), los terapistas de TEACCH y sus directores han organizado grupos sociales para niños, adolescentes y adultos con autismo. También los padres los han organizado. Estos grupos varían en su composición y propósito, dependiendo de las habilidades, necesidades, deseos y niveles de funcionamiento de los miembros. En un principio, muchos de nosotros, impulsores de estos groups, buscamos lograr a través de ellos la adquisición de capacidades y destrezas. A lo largo de los años, con el aumento de la familiaridad y las relaciones entre los miembros, las prioridades han cambiado. El compañerismo y la diversión han primado.

En el caso de los niños, la composición de los grupos está balanceada entre lo que serían niños típicos y niños con autismo. En el caso de los adultos, se podría contar con la participación de voluntarios. Pero en muchos casos estos grupos "mixtos" evolucionan hacia un grupo integrado casi exclusivamente por personas con autismo. Según ellos mismos manifiestan, se sienten mejor dentro de este grupo que "fuera " de él. Algunos integrantes señalan la seguridad, comodidad y serenidad que el grupo les transfiere. *El humor y la auténtica expresión de los sentimientos, algo que se piensa es tan carente en el autismo, afloran en estos groups. Se trata simplemente de divertirse.*

A medida que tu hijo madure, considera iniciar un grupo para pares con autismo de alto funcionamiento y Aspergers. Puede estar basado en intereses comunes, como ser la computación. Explorar internet, crear páginas web, comentar juegos pueden ser algunas de las posibilidades. De ahí en más, el grupo puede expandir su horizontes hacia otros intereses o diversiones que quieran hacer juntos. También se puede dar el caso de grupos de jóvenes que se reúnan con adultos. Estos último pueden participarles de sus experiencias, mostrándoles que de cierta manera han "logrado sobrevivir con autismo".

Los grupos sociales para niños fomentan actividades apropiadas a la edad, intereses y deseos de sus integrantes. Niños más mayores, adolescentes y adultos disfrutan con la siguiente lista de actividades, a la cual le puedes agregar muchas más. Recuerda proporcionar a cada integrante la estructura necesaria.

- Bingo
- Pictionary
- Damas, Uno , lotería
- Espectador de partidos de fútbol, básquet etc
- Fiestas de cumpleaños -pensarla, comprar las cosas, planear
- Artesanías, coleccionar cosas
- Hacer postales
- Cantar en coro (tener la letra escrita)
- Ir al parque
- Remontar cometas
- Hacer galletitas o cocinar
- Contar un chiste cada uno
- Hacer un show de talentos (grabar en video)

Cualquiera sea el interés del grupo y su composición, considera la siguiente guía para mayor familiaridad y por consiguiente, más diversión y tranquilidad:

1. Reunirse con determinada asiduidad durante el año

2. Mantener el grupo pequeño, dividirlo en caso de aumento notorio de sus integrantes

3. Comenzar la reunión con una rutina familiar

4. Mostrar la secuencia de acciones durante la reunión y proporcionar horarios individuales si se necesitan

5. Proporcionar estructura y claves visuales

6. Escribir historias sociales para esclarecer situaciones problemáticas, y para resaltar los logros y el comportamiento positivo

7. Tomar una merienda

8. Discutir y votar lo que el grupo hará en la próxima reunión

9. Concluir con una rutina familiar

Capítulo 11: Sentirse Mal

Libro de trabajo

Dibujo de María White, 1999
21 años

Emociones

Las personas sienten **emociones** dentro de ellas. *Mis* emociones son los sentimientos que tengo *dentro de mí*. Algunas palabras que describen las emociones son *feliz, triste, enojado, frustrado, asustado, preocupado, ansioso y* _____

_____.

Muchos niños muestran en su cara las emociones que sienten, casi sin darse cuenta. Por ejemplo, cuando un niño está contento, se le forma una sonrisa en su cara y quizá también se ponga a reír. Cuando un niño está asustado, su cara es distinta. Sus ojos se abren mucho y se forma una línea en su frente.

Para muchos niños con autismo, esto no ocurre así.

- Mi cara **no muestra** lo que yo siento dentro de mí
- Algunas personas creen que yo no tengo emociones porque no las ven en mi cara
- Mi cara puede mostrar una **emoción diferente** a la que estoy sintiendo

Por ejemplo, un niño con autismo puede sentirse feliz, pero en su cara no hay una sonrisa. La gente puede pensar que está triste o aburrido, pero en realidad el está feliz.

Aunque mi cara no siempre las demuestre, yo sí siento las emociones. Mi cara no siempre comunica los sentimientos que tengo dentro.

Nombrar los sentimientos

Las personas experimentan emociones a través de los sentimientos. Hay **palabras** que son **nombres** para diferentes sentimientos y emociones. Algunos nombres de emociones o sentimientos son:

Feliz	contento
triste	enojado
preocupado	asustado
deprimido	ansioso

A medida que crecen, los niños van aprendiendo más palabras que describen como se sienten por dentro.

Los niños con autismo tienen sentimientos lo mismo que las demás personas, solo que a veces no son capaces de explicar lo que sienten. Ellos pueden tener dificultad para encontrar las palabras para decir cómo se sienten. Algunos niños no saben como identificar sus sentimientos. Algunos niños no saben cuales son las palabras adecuadas.
Muchos no saben que es posible comunicar con palabras sus sentimientos.

Responder preguntas como *"¿Cómo te sientes respecto a esto?"* puede ser muy complicado y confuso para un niño con autismo.

Sentirse Ansioso

Todos podemos sentirnos ansiosos en determinado momento. Ansioso significa que la persona está preocupada y confundida. Quizá esté llorando o le tiemblen las manos, o quizá tenga dolor de cabeza o de estómago. Algunas veces, la persona siente que quiere esconderse o salir corriendo. Algunas veces la ansiedad hace que la persona se enoje y entonces quiera grita muy fuerte. Otras veces, se puede quedar muy, muy quietita.

Los niños con autismo parecen ponerse más ansiosos que otros niños. **Yo voy a marcar lo que se ajusta a mí.**

Yo me siento ansioso cuando:

- Hay muchas cosas pasando al mismo tiempo
- Algo no está en el lugar que se supone
- Yo no quiero hacer algo diferente
- Hay mucho ruido o mucha luz brillante
- Yo me siento mal
- Hay algo que no entiendo
- Alguien está hablando demasiado
- Hay muchas personas a mi alrededor, yo necesito estar solo
- Yo no sé lo que tengo que hacer
- Yo no encuentro palabras para hablar
- Yo me equivoqué
- Yo quiero estar solo
- Otros: _____.

Que pasa cuando me siento ansioso

Cuando yo me siento ansioso, mi cuerpo hace automáticamente algunas cosas. **Yo voy a marcar lo que me pasa cuando me siento ansioso.**

- Me duele la cabeza
- Me duele el estómago
- Me tiemblan las manos
- Siento un zumbido en mis oídos
- No me siento bien
- Me viene un tic
- Digo cosas o hago ruidos sin darme cuenta
- Otros: _____.

Algunos niños cuando se sienten ansiosos pueden hacer algunas de estas cosas. **Yo voy a marcar lo que yo hago.**

- Grito, chillo, pateo
- Tiro algo o rompo algo
- Digo "No quiero"
- Muerdo, pincho o araño a otra persona
- Corro y me escondo
- Me quedo muy, muy quieto
- Me muerdo la mano o me golpeo la cabeza
- Me araño los brazos o la cabeza
- Me rasco hasta sangrar
- Me muevo de atrás para adelante o muevo todo mi cuerpo
- Busco a alguien con quien hablar
- Otros: _____.

Ponerse en contra

Ponerse en contra significa que una persona se niega a hacer lo que sus padres o su maestra quieren que haga. Se dice ponerse en contra porque se hace justamente lo opuesto a lo que los demás quieren que haga.

Muchos niños con autismo no se ponen continuamente en contra de lo que les dicen, pero algunos sí se ponen en contra. Ellos se pueden en poner en contra cuando están ansiosos o nerviosos. Algunas veces, ponerse en contra es un hábito.

Yo voy a encerrar en un círculo o resaltar lo que se ajusta a mí.

- Muchas veces yo me pongo en contra. **Yo quiero hacer las cosas distintas** a lo que mis padres y maestra me dicen
- Generalmente yo no me pongo en contra. La gente dice que soy "fácil de tratar". Generalmente, yo hago lo que me dicen
- Algunas veces yo me pongo en contra y otras veces me gusta hacer lo que me dicen
- Yo me pongo en contra cuando estoy nervioso o ansioso
- Cuando me pongo en contra la gente me deja solo
- Otros: _____.

Cuando un niño se pone en contra, es muy difícil que otros adultos o niños quieran jugar con él. **Las personas se pueden enojar mucho cuando un niño se pone en contra.** Generalmente no les gusta que el niño actúe así.

Lastimarme

En algunas ocasiones, los niños con autismo pueden intentar lastimarse a sí mismos. Los padres y los maestros y otras personas se preocupan mucho cuando un niño se quiere lastimar. No es bueno que un niño se lastime a sí mismo. *Algunos niños con autismo pueden intentar lastimarse a sí mismos cuando se sienten asustados, enojados, preocupados, frustrados, ansiosos, tristes o confundidos.*

Si yo no me lastimo a mí mismo, entonces no tengo que seguir leyendo esta página. Puedo dar vuelta a la página siguiente.

Yo voy a encerrar en un círculo o resaltar lo que se ajusta a mí.

Algunas veces yo intento lastimarme a mí mismo cuando:

- Hay mucho ruido o muchas cosas pasando al mismo tiempo
- Yo no estoy seguro de lo que va a pasar
- Me siento abrumado
- La gente me habla demasiado
- Yo quiero que me dejen solo
- Yo quiero decir algo, pero no sé cómo decirlo
- Yo no sé o no entiendo lo que tengo que hacer
- Algo me está lastimando. Cuando yo me lastimo más, es como que si el dolor cambiara o fuera menos.
- Otros : _____.

Lastimar a los demás

Una vez cada tanto, lejos en el tiempo, algunos niños con autismo quizá golpeen, pateen o arañen a las personas. Quizá arrojen cosas. Esto se llama **agresión** o **ser agresivo**. Los padres y los maestros se preocupan mucho cuando los niños son agresivos. No está bien lastimar a los demás o romper cosas. Generalmente, los niños con autismo no quieren lastimar a nadie a propósito. Probablemente ellos no saben cómo se siente la otra persona. Pero a veces ocurre que el niño con autismo puede ponerse verdaderamente enojado o nervioso, y entonces lastime a alguien que esté cerca suyo.

Yo voy a encerrar en un círculo o resaltar lo que se ajusta a mí.

- Yo nunca trato de lastimar, patear, arañar o pellizcar al otro
- Algunas veces he lastimado a alguien

Si yo me pongo agresivo y lastimo a alguien, quizá sea porque:

- Estoy ansioso, asustado, frustrado o enojado
- Alguien está cerca de mí cuando estoy alterado
- Estoy confundido y no sé qué hacer
- Yo quisiera irme, pero no puedo. Me siento atrapado
- Estoy tan alterado que no puedo expresarme
- Yo me enojo con mi padre, madre o con alguien más
- Yo estoy enojado porque _____.
- Otros: _____.

Leer las emociones de los demás

Los adultos y los niños expresan sus emociones de variadas maneras.

- Algunas personas son muy expresivas. Ellos ríen, lloran y gritan

- Algunas personas son más reservadas. Ellos hablan despacito aún cuando estén sintiendo muchas cosas. Ellos no expresan lo que sienten.

- La mayoría de las personas son un poco de las dos formas.

Muchos niños con autismo tienen dificultades para comprender las distintas formas que tienen las personas de expresar sus sentimientos. Los niños con autismo quizá no se den cuenta si la otra persona está feliz o triste o enojada o preocupada. O, quizá piensen que está enojada, cuando la persona en realidad está sintiendo algo distinto. Quizá ellos entienden el mensaje al revés.

En la página siguiente está el *medidor de emociones*. Este me puede ayudar a "leer" las emociones de los demás. Me puede ayudar para aprender a identificar las emociones. Es como un termómetro que muestra diferentes temperaturas.

Mis padres o mi maestra me pueden ayudar a hacer copias del medidor de emociones. Ellos pueden ayudarme a completarlo, así yo sé cómo se sienten.

El Medidor de Emociones de mis Padres

Para el papá, mamá o algún otro adulto que importante,

Esto es para que tú lo completes con lo que sientes, para que te comuniques más efectivamente con tu hijo y le expliques lo que sientes en determinada situación. Completa con la información requerida. En el último recuadro indica el nivel o grado que mejor describe la intensidad de tus emociones. Coloréalo como si fuera un termómetro. Muéstraselo a tu hijo y ayúdalo a "leerlo". Para más ideas, consulta la sección Para Padres y Maestros, al final de este capítulo.

Nombre de la persona

La situación (con quien, qué, cómo, cuándo)

La emoción (escribe en el lugar o encierra la opción que corresponda)

Feliz	Triste	Preocupado	Enojado
	Asustado	Frustrado	

o _____ y _____.

El Medidor de Emociones (colorea la barra como si fuera un termómetro para indicar el nivel correspondiente)

El sentimiento más grande, más intenso **3**

En el medio, alguna emoción, pero no mucha **2**

Solo un poquito de emoción **1**

Mi Medidor de Emociones

Yo voy a marcar lo que se ajusta a mí.

1. Describe la **situación** y la **emoción,** en los cuadros debajo.

   La situación (cuando, donde, con quien)

   La emoción (encierra en un círculo la palabra que mejor describa tu emoción o escríbela sobre las líneas en blanco)

   Feliz   Triste   Preocupado   Enojado
   Asustado Frustrado
   o _____ y _____ .

2. **El Medidor de Emociones**
   (colorea la barra hasta el nivel de tu sentimiento)

   El sentimiento más grande, más intenso   3

   En el medio, alguna emoción, pero no mucha   2

   Solo un poquito de emoción   1

3. **¿Qué puedo hacer cuando me siento** _____

   _____ ?

Ya me siento mejor

No está bien que un niño se lastime a sí mismo o lastime a los demás. *La mayoría de los niños con autismo se tranquilizan y se ponen contentos, y no tratan lastimar a nadie cuando:*

- Saben lo que va a pasar y cuando va a terminar
- Están familiarizados con lo que está pasando
- Se sienten cómodos con su entorno sensorial: sonidos, luz, etc
- Se ejercitan todos los días: caminan rápido, corren, nadan, saltan, andan en bicicleta
- Tienen tiempo para dedicarse a lo que les gusta
- Aprenden a expresar lo que quieren y lo que necesitan
- Juegan con otros niños a cosas que realmente les divierten
- Tienen frecuentes "recreos"
- Las cosas tienen sentido para ellos

Yo me siento tranquilo y feliz cuando _____.

Mis padres y mi maestra pueden ayudarme a que me sienta bien. Ellos pueden intentar algunas de las ideas de este libro. Esta lista es para ellos:

- Proporcionar más estructura (horario, esquema de trabajo, lista etc)
- Reducir la estimulación sensorial
- Ayudarme a hacer más ejercicio diario
- Enseñarme maneras para comunicarme con facilidad
- Proporcionarme oportunidades para dedicarme a mis temas favoritos
- Darme suficientes recreos y tiempo tranquilo
- Cambiar las expectativas sociales que tienen para mí. Permitir que las situaciones sociales se adapten a mí a medida que voy creciendo
- Ayudarme a familiarizarme con lo nuevo, gradualmente

Ejercicio

El ejercicio mantiene mi cuerpo fuerte y me ayuda a estar sano. Hacer ejercicios que hagan latir más rápido mi corazón, una o dos veces al día, por 20 o 30 minutos, es muy bueno para mí y me ayuda a estar tranquilo.

Yo voy a encerrar en un círculo o resaltar lo que se ajusta a mí.

Me gustaría hacer este tipo de ejercicio:

- Caminar rápido
- Correr o hacer jogging
- Subir corriendo una colina y tirarme rodando en la bajada
- Saltar en el trampolín
- Hacer aeróbicos escuchando música
- Nadar
- Bailar con música
- Andar en bicicleta o pedalear en bicicleta fija
- Saltar a la cuerda
- Patinar
- Andar en trineo, esquiar
- Andar a caballo
- Otros: _____
- Otros: _____

Mi horario me muestra cuál es el momento de hacer ejercicio.

Sentirme Relajado

Sentirme relajado significa que mi cuerpo y mi mente están tranquilos. Yo puedo aprender cómo hacer para relajarme y quedarme tranquilo.

Con la ayuda de mis padres, maestra o terapista, yo puedo averiguar cuáles son las cosas que me ayudan a relajarme.

Podemos probar con estas cosas:

- Ir a un lugar tranquilo
- Ir a un lugar donde pueda estar solo
- Escuchar música suave
- Escuchar mi música favorita
- Respirar profunda y lentamente
- Practicar ejercicios de relajación
- Mirar un video con escenas tranquilas y música suave
- Pensar o leer sobre los temas que más me gustan
- Que me den un masaje
- *Darle yo* a otra persona un masaje
- Hamacarme (en el parque, en el patio)
- Otros: _____.
- Otros: _____.

Mi horario me puede mostrar cuando es el momento practicar ejercicios de relajación.

Una Buena Nutrición

Cuando las personas son saludables, *se sienten bien.* Pueden manejar mejor su estrés y su ansiedad si sus cuerpos tienen buena salud.

Para tener una buena nutrición hay que comer alimentos que contengan variada cantidad de vitaminas y minerales. Esto hace que el cuerpo se mantenga sano y nos sintamos bien.

- Pero los niños con autismo suelen ser muy especiales a la hora de comer. Quizá quieran comer solo una clase comida y se nieguen a probar otras. Por eso es más difícil que tengan una buena nutrición.

- Otra manera de tener una buena nutrición es a través de pastillas que tienen las vitaminas y minerales que necesitamos. Se llaman *vitaminas y minerales o suplementos vitamínicos.*

- Si yo soy especial para comer, entonces puede ser conveniente que tome estas pastillas de vitaminas y minerales, para conseguir mejorar mi nutrición.

Mi horario me muestra cuando es la hora de tomar mis pastillas.

Pedir Consejo

Pedir consejo es cuando una persona va a una oficina a hablar con un *consejero o terapista*. Algunas veces hablar con un terapista puede ayudar al niño a aprender más sobre sí mismo y a manejar mejor su ansiedad. No todos los niños con autismo hablan con un terapista, pero algunos sí lo hacen. También van al terapista muchos niños que no tienen autismo.

Yo voy a encerrar en un círculo o resaltar lo que se ajusta a mí.

- Algunas veces yo hablo con un consejero o terapista.
  El nombre de mi terapista es _____.
- A mí no me gusta hablar con un terapista o consejero
- A mí me gusta hablar con un terapista o consejero
- Mis padres dicen que yo debería ir, en algún momento futuro, al terapista o consejero.

Yo podría hacer algunas de estas cosas con el consejero o terapista:

- Escribir listas
- Hacer un mapa mental
- Hacer dibujos
- Escribir historias
- Jugar
- Escribir y charlar en la computadora
- Leer historias
- Dibujar historietas
- Jugar a ser otros
- Mirar o hacer videos
- Leer este libro juntos
- Tan solo hablar

Para Padres y Maestros

"El estrés cambia todo en mi vida, desde las experiencias sensoriales, mi habilidad para pensar, para funcionar, para analizar… Bajo la superficie están sucediendo tantas cosas, que aunque desde afuera un solo hecho parezca tan nimio, en realidad es el desencadenante de todo el descontrol…"

— Dave Spicer hablando del estrés, ansiedad y aislamiento.

Ideas en Este Capítulo

- Prevención
- Auto aceptación
- Durante una rabieta
- Después de la rabieta
- Cuidado con el pozo
- Usar el medidor de emociones
- Reevaluar y rediagnosticar
- Reducir la estimulación sensorial
- Hacer ejercicio
- Recreos frecuentes
- El área tranquila
- Relajarse
- Dieta y nutrición
- Los consejeros
- Medicación
- Tics
- Una reseña especial sobre la adolescencia

Prevención

La enseñanza visual estructurada, especialmente si ha sido adaptada a la individualidad del niño, puede afectar el comportamiento de éste de manera muy positiva. La incertidumbre lleva a la ansiedad, que conduce a problemas de conducta. Relee las ideas aparecidas en capítulos previos, e implementa las sugerencias que mejor se adapten a tu hijo. Modifica y personaliza las estrategias hasta que encuadren. *Proporciona sentido a las cosas que tu hijo haga, de manera que pueda verlas, hacerlas y entenderlas. Cuantas más cosas tengan sentido para tu hijo., menos ansioso estará.*

Los niños con autismo son menos propensos a tener una rabieta o a alterarse si:

1. Saben lo que está pasando y cuando va a terminar
2. Las personas, cosas y actividades del entorno les resultan familiares
3. La estimulación sensorial del ambiente es escasa
4. Practican una actividad física diariamente
5. Disfrutan de sus talentos, gustos y temas favoritos
6. Pueden aprender con efectividad a comunicar sus necesidades y deseos
7. Las situaciones sociales encajan dentro de sus deseos y habilidades
8. Las actividades diarias tienen sentido para ellos

La mayoría de las estrategias han sido presentadas en capítulos previos. Revísalas para ver cuales se ajustan mejor a tu hijo.

Auto aceptación

La ansiedad de tu hijo puede disminuir en la medida en que logre comprenderse a sí mismo. Haz que este libro se convierta en su aliado, especialmente la primera parte de cada capítulo que está dirigida a él. Cuando lo consideres apropiado, habla y/o escribe sobre tener autismo y otros temas personales. Enfatiza en las cualidades positivas y admite los desafíos. Ayúdalo a ver que no está solo, y que hay otras personas, con o sin autismo, que experimentan lo mismo que él.

Durante una rabieta

En el medio de una rabieta de tu hijo, refrena tu natural impulso de dialogar, explicar o cualquier otra forma de procesar verbalmente lo que está pasando. En otras palabras, *NO HABLES!!* Generalmente, lo más importante que debes hacer durante una rabieta es 1) mantener a tu hijo a salvo de auto lastimarse, 2) mantener a los demás a salvo de que él los lastime y 3) quedarte quieto.

Esto implica que si tu hijo no es de los que se lastiman ni agreden a los demás durante su rabieta, lo que mejor puedes hacer es quedarte quieto. Por supuesto, pueden haber algunos niños para los cuales una rutina verbal puede ser tranquilizadora. Sin embargo, en la mayoría de los casos hablar puede añadir más confusión y ansiedad.

Si tienes que decir algo durante una rabieta, entonces mejor escríbelo. Que el mensaje sea corto y sencillo. Con tranquilidad, pon el mensaje en la mano de tu hijo, o en algún lugar donde lo pueda ver. Si resultase conveniente y tu hijo lo puede ver fácilmente, ponlo en la pared, en la puerta, en la heladera. Si tu hijo está tirado en el piso, puedes poner la nota cerca suyo, cerca de su cara, para que la pueda ver. En algunas ocasiones, mantenla frente a sus ojos para que la pueda leer. No digas nada mientras haces esto, y no trates de hacer contacto visual.

Si la rabieta de tu hijo implica gritos y molestar a los demás, entonces necesita ir a otro lugar donde desahogarse. **Recuerda que generalmente es mejor no hablar mientras está así. Dale una nota escrita.**

Después de la rabieta

Después que la rabieta haya pasado y tu hijo esté más tranquilo, llega la hora de dialogar con él sobre lo que pasó. Entabla la conversación de manera *verbal y visual*. (Habla y escribe). Relee los capítulos de este libro y el Capítulo 6 sobre *comprender a los demás*. Usa una estrategia que te sea cómoda y que cubra las necesidades de tu hijo. *Aquí es cuando se nota el éxito de trabajar con estas estrategias en una base diaria.*

Cuanto más familiarizado esté tu hijo con las estrategias visuales, más fácil le será comunicarse y aprender, y más fácil para ti el prevenir y manejar situaciones conflictivas.

Intenta tomar notas, usar la computadora para escribir y hablar, dibujar figuras y diagramas, conversaciones de historietas, historias sociales, y/o el horario. Revisa junto a tu hijo las páginas más importantes de este libro, para identificar el conflicto y buscar un curso de acción preventivo. Quizá la estrategia denominada *Mind the gap - Cuidado con el pozo* pueda serle de ayuda.

Cuidado con el pozo

Muchos niños con autismo se sienten sorprendidos frente a sus propias reacciones frente al estrés y la ansiedad. A tu hijo puede parecerle que su propia respuesta es demasiado inesperada y súbitamente se encuentra en el medio de una conmoción y fuera de control. La estrategia *Cuidado con el pozo* ha sido utilizada para ayudar a niños y adolescentes a darse cuenta de su estado interno y controlar sus respuestas frente al conflicto planteado. Esta expresión viene del inglés británico y se refiere al mensaje "Mind the Gap" colocado a la salida del metro, refiendose con gap al espacio que queda entre la plataforma y el tren subterráneo.

Hace ya varios años, el director del Centro TEACCH de Charlotte (USA) decidió que este concepto podía ser utilizado para describir el lapso de tiempo que hay entre el incidente que produce la ansiedad y la exteriorización de la misma. Se trata de que el niño se de cuenta que hay determinadas señales que le muestran que se está poniendo ansioso, y que si se da cuenta de esas señales puede eventualmente dirigir el curso de su reacción. Para cada niño cabe esperar una adaptación de esta técnica, acompañada de otras. En la página siguiente se encuentra un ejemplo de esta estrategia.

EL CASTILLO EMBRUJADO

CIUDAD ESMERALDA

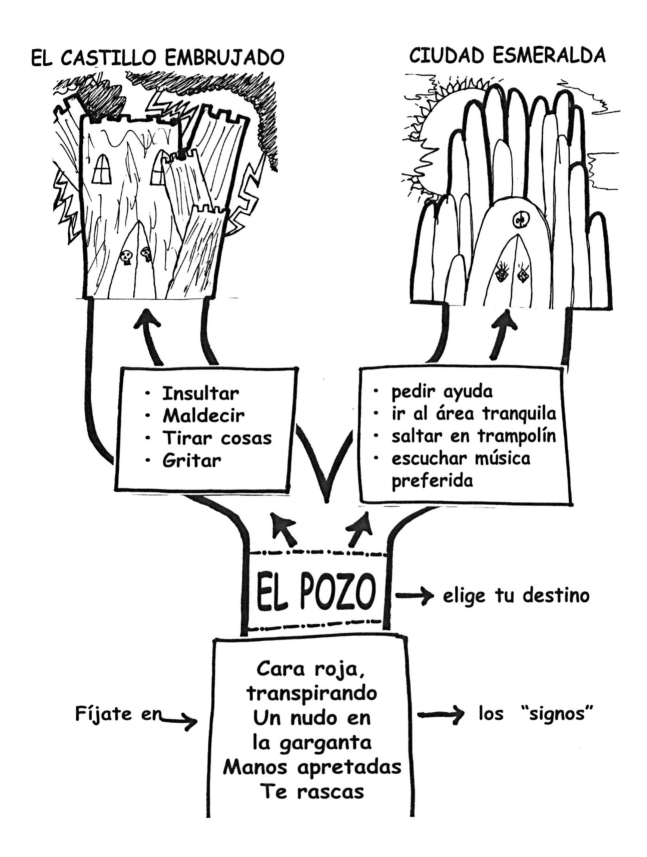

- Insultar
- Maldecir
- Tirar cosas
- Gritar

- pedir ayuda
- ir al área tranquila
- saltar en trampolín
- escuchar música preferida

EL POZO → elige tu destino

Fíjate en →

Cara roja, transpirando
Un nudo en la garganta
Manos apretadas
Te rascas

→ los "signos"

1. Identifica las conductas a tratar

Primero, antes de sentarte con tu hijo, identifica las conductas que quieres tratar. Por ejemplo: dar motes, maldecir, auto lastimarse, o tirar cosas.

2. Identificar sus "signos"

Después de identificar las conductas problemáticas, elabora una lista mental, anotando los "signos" más visibles que el niño exhibe antes de irrumpir en una rabieta. *Por ejemplo, su cara puede ponerse colorada, puede sudar mucho, su cuerpo ponerse tenso, repetir ciertas frases o palabras, arañarse el brazo...* Trata de incluir aquellos signos que tu hijo pueda reconocer fácilmente.

3. Siéntate con tu hijo y haz tres listas

Ahora que tu hijo está tranquilo, siéntate con él y explícale que juntos van a hacer un mapa que lo ayudará a sentirse mejor y a hacer buenas elecciones cuando se sienta alterado. **Escribe las conductas ya identificadas** en una hoja de papel o en una tarjeta. Haz esto en un tono de voz y unos modos bien tranquilos.

A continuación muéstrale a tu hijo que su cuerpo siente sensaciones o emociones específicas, y que ciertos comportamientos tienen lugar previo al momento puntual del estallido de la rabieta. *Puedes usar las páginas del Capítulo 11 para ayudarlo.* **Hagan los dos juntos una lista con todos los signos observables y los internos que tu hijo sienta y vea.** Como esto puede resultar un tanto complicado para tu hijo, puedes darle una pista diciéndole algo como: *"Me he fijado que ayer, antes de ponerte a gritar, te rascabas el brazo con mucha fuerza y te lo dejaste todo rojo"*. Luego, pueden escribir la lista en la computadora o en forma manuscrita, siguiendo las sugerencias de tu hijo. Pero recuerda que no es estrictamente necesario que él la haga solo.

Ahora, elabora una lista con todas las conductas alternativas (positivas). Tiene que ser una lista con actividades concretas y efectivas. Por ejemplo, lista una serie alternativa de palabras para decir en lugar de las maldiciones., Muéstrale como pedir ayuda, como darse un descanso (como salir de la habitación y donde ir), y otras prácticas como contar hasta 50, estrujar una pelota en las manos, respirar profundo, ir a algún lugar especial para golpear una almohada o un saco de box... Quizá puedas reunirte por anticipado con otros adultos e intercambiar ideas. Y no descartes las que tu hijo te proponga.

4. Dibuja un mapa con dos destinos

Dibuja un "mapa" con tu hijo, utilizando un tema que sea de su interés. En el diagrama de la página anterior el adulto dibujó los caminos y Thomas dibujó los dos destinos de la parte superior, al final de los caminos. Thomas eligió la *Ciudad Esmeralda* para representar las actitudes positivas y el *Castillo Embrujado* para representar lo negativo. Coloca las tres listas en sus lugares correspondientes del mapa, como se muestra en el diagrama.

Es importante que tu hijo participe en la creación de las figuras que representen los dos destinos. Si le gusta dibujar, proporciónale el papel y los lápices necesarios. Si no es tan artista, puede elegir figuras de las revistas para representar sus imágenes positivas y negativas. Puede usar fotografías o postales. Un niño utilizó dos cartas de Pokemon, el "bueno" y el "malo". Lo que importa es que tu hijo recurra a lo que más le atraiga.

Relaciona el "buen comportamiento" con consecuencias positivas. Para algunos niños puede funcionar el asignarle puntos o quitárselos. Para otros la representación visual de las consecuencias positivas y negativas ya es en sí suficiente. Videos, tiempo con el Nintendo, un viaje a la tienda o cualquier otra cosa que lo motive puede ser suficiente.

5. Para tener en cuenta

Trata de ayudar a tu hijo a identificar las reacciones de su cuerpo frente al estrés, y recuerda que quizá esto le sea bastante difícil al principio. Hasta que aprenda a reconocer las señales por sí mismo, puedes ayudarlo advirtiéndoselas tú, en un tono de voz tranquilo y cuando están aconteciendo. "Te estás arañando el brazo", dile, y luego recurre al mapa con dos destinos mencionado más arriba. Llámale la atención a las listas hechas y a las actitudes que llevan a los diferentes destinos. Puedes mostrarle cuales de esas actitudes lo conducirán a un destino positivo.

Estos posters pueden ser colocados en diferentes lugares de la casa (diferentes habitaciones).

Usar el medidor de emociones

Muchos niños tienen problemas para "leer" como se sienten sus padres o maestra. Algunos pueden pensar que el adulto está enojado, cuando no sea este el caso, y viceversa. Los niños con autismo a menudo demuestran dificultades para interpretar las sutiles diferencias o matices que hay en determinada emoción. Algunos quizá reaccionen de más porque no interpretan correctamente la reacción del adulto. Si esto representa un problema para ti y tu hijo, recurre al **Medidor de Emociones para Mis Padres** (pag 252) para explicarle mejor cómo te sientes.

Ten siempre a mano copias de el Medidor de Emociones. Primero practica mostrándole qué marca el medidor cuando no estás alterado. Recuerda usarlo tanto para ilustrar emociones felices, como aquellas que denotan preocupaciones. A mayor asiduidad en su uso, mayor familiaridad adquirirá tu hijo con él. *Tal como sucede con las demás estrategias visuales, una vez que se vuelvan familiares para tu hijo, este les prestará atención y lo ayudarán cuando sobrevenga una crisis.*

También puedes enseñarle a usar el Medidor de Emociones para que él describa sus propias emociones. *El Medidor se transforma en una herramienta que le ayuda a tu hijo a darse cuenta, identificar y comunicar su estado interno emocional. También comenzará a comprender que hay diferentes matices dentro de una misma emoción, y que debe aprender a diferenciarlas.* En la página 253 está el **Medidor de Emociones para mí**. Enséñale a tu hijo a completarlo. Al final de esa página hay un espacio donde describir un curso positivo de acción a seguir. Dependiendo de las posibilidades a tu alcance, puede ser ir al área tranquila, saltar en el trampolín, escribir una carta en la computadora, u otras actividades.

Reevaluar y rediagnosticar

Si las rabietas, agresiones o el auto lastimarse continúan aun cuando has recurrido a un uso intenso de estructura en la vida de tu hijo, necesitarás detenerte, reevaluar y rediagnosticar. Simplifica y aumenta las estrategias visuales estructuradas, y asegúrate de que tu hijo se ejercite físicamente con regularidad. Considera el tema sensorial, y haz en el ambiente los cambios que te parezcan pueden ayudarlo. Trata de imaginar la vida de tu hijo a través de sus ojos e imagínatelo a través de sus sentidos. Revisa la lista que está bajo el subtítulo **Prevención**, en la página 260. *¿Qué puede estar causándole ansiedad? ¿qué necesita ser modificado? ¿necesita mejorar su manera de comunicarse?* Agrega más estructura, ejercicio, utiliza sus temas preferidos, dale más recreos, intenta con las historias sociales, y simplifica las exigencias.

Para mayor información en estos temas, especialmente cómo lidiar con los momentos difíciles consulta el libro **Asperger Syndrome and Difficult Moments**, de Myles y Suthwick. También puedes encontrarlo bajo el título original **Asperger Syndrome and Rage**, de los mismos autores. Consulta asimismo la lista de *Fuentes Recomendadas*, al final del libro.

Reducir la estimulación sensorial

Respeta las diferencias sensoriales que acompañan el autismo. Revisa el capítulo 3 y la forma como reacciona tu niño frente a diversas experiencias sensoriales. Adapta siempre que sea posible y cuando esté indicado. Incorpora a lo largo de su día actividad física con regularidad y con frecuentes recreos.

Hacer ejercicio

Planea un programa de ejercicios para tu hijo e inclúyelo en su horario diario. Correr y ejercitarse lo ayuda a reducir la ansiedad y logra disminuir los deseos de autoagresión y de agredir a los demás. Para algunos niños, dos períodos de ejercicio al día pueden ser suficientes. *Revisa las ideas de la página 245 sobre ideas para hacer ejercicio y la página 45 para ver un ejemplo de cómo incluir el ejercicio en el horario del niño.*

Recreos frecuentes

Permítele a tu hijo tener frecuentes recreos. Que éstos estén señalados en su horario. Dale un recreo para ir al área tranquila, para después de hacer actividades nuevas o poco familiares, y antes y después de conocer gente nueva. Dale un recreo después de algún evento inesperado o de alguna sorpresa. Los recreos frecuentes lo ayudarán a recobrarse de una posible confusión y sobreestimulación, a recuperar su paz interior, a "bajar las revoluciones" de la vida diaria, a prevenir la ansiedad, y a reunir fuerzas y energía para seguir adelante en este mundo lleno de sorpresas. *Para más información sobre horarios y esquemas de trabajo, ver páginas 36-49, 167, 171-173, 191-192 y 194-196.*

El área tranquila

El área tranquila es un lugar donde ti hijo encuentra alivio y de descanso de las presiones que tiene. El probablemente ya tiene algo así, por su cuenta…su propio retiro.

Al crear un área tranquila "oficial", vas a saber exactamente en qué momentos tiene necesidad de ir a ella y estar solo para tranquilizarse. Estás también estructurando una manera de enseñarle una importante habilidad adaptativa que puede utilizar para prevenir la generación de un estado ansioso. El tema de la área tranquila ya se trató en capítulos anteriores, consulta las páginas 64, 186 y 211 para refrescar tu memoria.

Relajarse

Enseña rutinas de relajación a través de imágenes visuales. Intenta con instrucciones grabadas, videos, música. Quizá sea bueno que recurras a un terapista con experiencia en este tipo de estrategias.

Así como con las demás estrategias, es importante construir una rutina positiva, consistente que promueva la realización diaria de las prácticas de relajación. No esperes a que tu hijo esté alterado para recurrir a la música, las imágenes o los videos. Cuanto más familiarizado esté con determinada estrategia, más fácil será que la use en los momentos realmente necesarios. Consulta la página 255 para ideas más específicas, y la página 45 para saber cómo incluirla en el horario.

Dieta y nutrición

En Internet y en librerías más especializadas se pueden encontrar recomendaciones sobre infinidad de dietas. Muchos niños con autismo tienen preferencias muy rígidas sobre su comida. Esto hace que "la dieta y la nutrición" se conviertan en un tema bastante complicado para los padres.

Se dice que ciertos regímenes de comidas han tenido efectos dramáticos sobre niños con autismo. A menudo, esto requiere de un alto costo económico y de un cambio de los hábitos alimenticios, que conllevan a un cambio del estilo de vida. Elegir una dieta especial es una decisión que deben efectuar los padres junto a un médico especializado. Consulta con otros padres que hayan intentado una dieta con su hijo. Consulta con tu doctor. ¿Cuáles son las ventajas y las desventajas? ¿Serán capaces de enfrentar y seguir una dieta diariamente? ¿Cooperará tu hijo? Si decides seguir una dieta en especial, recuerda usar el horario y otras estrategias visuales para ayudarlo a tolerar y aceptar los cambios que introducirás en su dieta. Asegúrate de plantearte un tiempo prudencial de prueba antes de evaluar la efectividad de la dieta.

La mayoría de nosotros sabemos que la salud de nuestros cuerpos depende en gran medida del tipo y calidad de los alimentos que ingerimos, además de nuestro estilo de vida. Es de sentido común saber que cuanto mejor nos sentimos, más capaces somos de enfrentarnos a los desafíos diarios. Esto también es así para tu hijo. Es importante ayudarle a alimentarse de una manera saludable. Esto puede ser realmente difícil si tu hijo es "exquisito" a la hora de comer. Considera entonces la administración de vitaminas o suplementos (ver pag.46 para un ejemplo sobre como incluir la ingesta de vitaminas en el horario). También resulta reconfortante saber que la mayoría de los padres de adultos con autismo sostienen que sus hijos, a medida que fueron creciendo, se han mostrado más proclives a probar nuevos sabores y comidas y son menos rígidos en sus preferencias. Si tienes más dudas sobre la nutrición de tu hijo, consulta a un especialista que esté familiarizado con dietas, y que haya trabajado con personas con autismo.

Los consejeros

Algunos niños y adolescentes con autismo de alto funcionamiento y Síndrome de Asperger pueden beneficiarse de concurrir a un consejero, pero las terapias que requieren un examen de los propios sentimientos y su procesamiento emocional no son generalmente efectivas cuando se trata de personas con autismo. Lo mejor sería encontrar un terapista que conozca (o quiera aprender) sobre el autismo de alto funcionamiento o Síndrome de Asperger, y que entienda las formas tan especiales que tienen de aprender y de pensar los niños con autismo. Recurre a un grupo de ayuda para conseguir referencias. Utiliza las ideas de este libro durante las sesiones de terapia.

Medicación

Si tu hijo tiene frecuentes tics motores o vocales (sonidos involuntarios, palabras o movimientos) que van en aumento o le causan problemas, entonces deberías consultar con un psiquiatra que sea familiar con el tema del autismo y del Síndrome de Tourette. Algunos niños con autismo o Asperger también pueden estar afectados por el Síndrome de Tourette. Los síntomas de este síndrome pueden ser disparados por la ansiedad.

Una reseña especial sobre la adolescencia

Tu hijo puede estar entrando en la adolescencia o ya estar en ella. Aunque este libro está dirigido a niños más pequeños, muchos adolescentes también se han beneficiado de su lectura. Las ideas expresadas en las secciones para padres y maestros también son válidas para personas con autismo de cualquier edad.

Gary Mesibov, el director de la División TEACCH de la Universidad de Carolina del Norte en Chapel Hill, nos recuerda que así como cualquier otro niño que esté entrando en la adolescencia, el niño con autismo tiene sus propias necesidades básicas y específicas. Estas son:

La necesidad de privacidad - un tiempo para él
La necesidad de ser más independiente - hacer más elecciones por sí mismo

Si estas necesidades básicas no son satisfechas, no será de extrañar que la ansiedad y el enojo primen en el carácter de tu hijo ya bastante más crecido. Esto mismo sucede con cualquier adolescente, tenga o no autismo. Recuerda y planifica estas necesidades a medida que tu hijo crezca.

Niños más mayores con autismo aún pueden necesitar de ayuda con actividades básicas como lavarse el cabello, bañarse, lavarse los dientes, elegir la ropa y otros cuidados. Problemas para secuenciar las acciones, confusiones sensoriales, y el ser dependiente de las instrucciones que se le den pueden agotar a los padres que hacen más de lo que deberían o incluso de lo que su propio hijo desea que hagan.

Si tú y las maestras ya le han enseñado al niño a seguir un horario, un esquema de trabajo, y chequear una lista, entonces ya tienes mucho ganado! Has construido un camino que le permitirá a tu hijo ser cada vez más independiente, aún cuando lo sigas apoyando y guiando. Las opciones y elecciones se pueden incluir en el horario. De esta manera le darás a tu hijo la privacidad que necesita y la independencia que ansía.

Capítulo 12: El Ultimo Capítulo

Libro de trabajo

Dibujo de Maria White, 1999, 21 años

Estadísticas sobre el autismo

- De cada 1000 personas que hay en el mundo, aproximadamente 2 tienen autismo. Es una razón de 2 cada 1000.

- De cada 5 personas que tienen autismo, 4 de ellas son varones y 1 es mujer. Esta es una razón de 4 varones cada 1 mujer.

- Hay niños y adultos con autismo viviendo en todos los países del mundo.

- En Carolina del Norte, un estado de los Estados Unidos donde se escribió este libro, hay aproximadamente 14000 personas* con autismo. Para estimar el número de personas con autismo que hay en tu país, sigue las instrucciones de la página siguiente.

---

*El dato sobre Carolina del Norte corresponde al año 1999 y fue proporcionado por la Autism Society of North Carolina. Ver más datos al final del capítulo.

Mi propia estadística

Yo vivo en _____ (nombre de mi país).

La población de mi país es de _____ habitantes. Si no sé la cantidad, la puedo buscar en una enciclopedia o en Internet.

Para estimar el número de personas con autismo que viven en mi país, tengo que seguir estas instrucciones. **Puedo pedir a alguien que me ayude.**

1. Escribo aquí la cantidad de población _____

2. La divido entre 1000 y me da _____

3. Este número lo multiplico por 2 y me da _____

4. Este último número es el que voy a recordar.

Hay aproximadamente _____ personas con autismo en _____ (país) donde yo vivo.

Soy único

Nadie es exactamente igual a otro. Todos somos diferentes y especiales. Esto significa que somos únicos.

- Cada niño tiene su propia apariencia y voz.
- Cada niño tiene sus propios pensamientos, esperanzas y miedos.
- Cada niño tiene sus propios talentos y debilidades.
- Está bien ser diferente. Cada uno es especial.

A la mayoría de los niños les gusta parecerse a los demás, y hablar y actuar como el resto de los niños. Este se llama "encajar" en el grupo. Muchos niños tratan de "encajar" en vez de sentirse cómodos siendo *únicos*.

A los niños con autismo se les dificulta "encajar". A algunos no les importa si "encajan" o no. Otros intentan "encajar", pero no saben cómo hacerlo.

Para la mayoría de los niños con autismo, tratar de "encajar" no es fácil.

Está bien si no encajo en mi grupo
Yo soy único
Está muy bien que sea como soy

Más sobre ser único...

Estas son algunas formas que tenemos para mostrar que somos únicos:

- Color de cabello, piel y ojos
- Peso y estatura
- Formas de vestirnos
- Donde vivimos
- Sonido de la voz
- Idioma que hablamos
- Talentos y fortalezas
- Cosas que nos gustan
- Formas de aprender

Yo voy a encerrar en un círculo o resaltar lo que se ajusta a mí.

- El color de mi cabello es diferente al color del cabello de mis padres.

- El color de ojos de mi (nombre de familiar) _____
  es diferente al color de mis ojos.

- La ropa que usa mi amigo es diferente a la que yo uso.

- Mi casa es diferente a la de mi vecino.

- La voz de mi maestra es diferente a la voz de mis padres.

- El idioma que yo hablo es diferente al que se habla en otros países.

- Yo soy bueno en (nombrar) _____.

  Otro niño, llamado _____, es

  bueno en _____.

- Me gustaría aprender (tema) _____.

  Otro niño distinto que conozco, que se llama _____,

  le gusta aprender (tema) _____.

Respetar a los demás

Respeto es la forma con que todos debemos tratarnos. Podemos pensar que el respeto es como un círculo con dos mitades:

1 → Las personas me respetan

2 → Yo respeto a los demás

1. Las personas me respetan. Cuando la gente trata de comprenderme, es porque me respeta. Cuando saben que el autismo no es algo malo, sino una forma diferente de ser, entonces me respetan. Cuando la gente sabe que yo soy una persona con mis propios talentos y debilidades, gustos, sueños y miedos, entonces me respetan. Cuando me aceptan tal como soy, es porque me respetan. *Leer este libro puede ayudar a la gente a comprenderme y a respetarme mejor.*

2. Yo respeto a los demás. Yo voy a tratar de recordar que cada persona tiene su propia manera de pensar. Cada persona tiene sus propios talentos, debilidades, gustos, sueños y miedos. Aún cuando yo no comprenda por qué alguien es de determinada manera, yo igual debo respetarlo. *Cuando alguien es diferente de como yo soy, no significa que el o ella sean malos.*

Yo muestro respeto por los demás cuando trato de ser cortés y no me burlo de ellos, ni digo cosas feas de mis hermanos, hermanas, amigos, maestras, papás o cualquier otro niño o adulto.

Todas las personas merecen respeto

Cómo todos los niños son iguales

Todos los niños quieren que los demás los comprendan y los respeten. Todos los niños son especiales y únicos. Todos merecen respeto.

Así es como todos los niños son iguales

Yo voy a encerrar en un círculo o resaltar lo que se ajusta a mí.

- Me gusta que otras personas me comprendan.
- Me gusta cuando los otros niños me comprenden.
- Aunque yo soy diferente de otros niños, me siento bien.
- Me gusta que los demás niños sepan que el autismo no es malo.
- Me gusta cuando mis padres me comprenden.
- Me gusta cuando mi maestra me comprende.
- Yo trato de recordar que los otros niños tienen sus propios pensamientos. Sus pensamientos pueden ser diferentes de los míos. Eso está bien.
- Está bien que otra persona sea distinta que yo.
- Yo puedo respetar al otro, aún cuando diga cosas con las que no estoy de acuerdo.
- Me gustaría comprender más a los otros niños.
- Me gustaría comprender más a _____ (nombre).
- Me gustaría que _____ (nombre) me comprendiera más.
- Otros: _____.

Escribo una carta sobre mí mismo

Querido_____ , (nombre del amigo, amiga o familiar)

Te escribo esta carta para que nos ayude a comprendernos mejor.

Yo tengo autismo. El autismo afecta mi manera de pensar y de comunicarme y de comprender lo que pasa. El autismo es una de mis características. También tengo otras características.

Las cosas que más me gustan son _____

_____.

¿Cuáles son las cosas que a ti más te gustan?

Yo puedo hacer algunas cosas realmente bien. Yo soy bueno en _____

_____.

Otras cosas me resultan muy difíciles. Yo necesito ayuda para _____

_____.

¿Con qué necesitas tú ayuda?

Yo estoy contento de que nos conozcamos. Por favor responde mi carta. Quizá podamos saber más cosas sobre nosotros y conocernos mejor. Esto puede ser divertido.

Te envío muchos saludos,

_____ (mi nombre)

Resumen

En los pueblos pequeños pueden haber muy pocas personas con autismo. En las ciudades más grandes, pueden haber cientos o miles de personas con autismo.

En mi escuela, quizá yo soy el único niño con autismo, pero pueden haber otros.

Yo tengo algunas cosas en común con niños que tienen autismo, aunque no es fácil darse cuenta de cuáles son. Los niños que tienen autismo son todos diferentes entre sí.

- Cada niño es único

- Aunque cada niño es único, todos tienen algo muy importante en común. Todos quieren ser respetados y comprendidos.

- Yo quiero que los demás me respeten y me comprendan.

- Yo también quiero aprender a respetar a los demás.

Sobre los Dibujos

Todos los dibujos están hechos por personas que tienen autismo, excepto: *La Oficina* en pag. 169 hecha por Linda Larsen, *La Oficina y el esquema de Trabajo* en pag.193, *Organización del área de trabajo* pag 197 y el de la pag 199 todos hechos por Catherine Faherty.

La fotografía:
La fotografía de la página 301 es de Marilyn Ferikes, 1999.

Los dibujos de la primera página de cada capítulo:

Capítulo 1	**Medio**	lapicera
	Tema	Pinocho
	Artista	Thomas Johnson, 1999, 10 años

Capítulo 2	**Medio**	lápiz
	Tema	*Construyendo una torre de bloques en espiral*, sobre una foto de Doug, cuando estaba en la Primaria Bell, en 1986
	Artista	Maria White, 1999, 21 años

Capítulo 3	**Medio**	lápiz y lapicera
	Tema	*Espantapájaros con sol y pájaros y Sentimientos*
	Artista	Thomas Johnson, 1992, 1996, a los 3 y 7 años

Capítulo 4	**Medio**	lápiz
	Tema	*Violinista*, sobre una foto de John Engle
	Artista	Maria White, 1999, 21 años

Capítulo 5	**Medio**	lápiz, crayon y tinta (collage en computadora de Irene Vassos)
	Tema	*La gente*
	Artista	Brian Davis, a los 14 años, dos imágenes de *Niño* con Thomas Johnson, a los 5 años, *Mi maestra de kindergarten, Dorothy y Mujer Alta*. Thomas Johnson, a los 10 años, *Cuatro bosquejos de personas*. Paul Hoyt, a los 13 años, *Tres personitas*

Capítulo 6   **Medio**   lapicera
            Tema   *Mi maestra de primer grado*
            Artista Thomas Johnson, 1999, a los 10 años

Capítulo 7   **Medio**   lapicera
            Tema   *Pensando*, sobre una vieja fotografía familiar de los años 1900
            Artista Thomas Johnson, 1999, a los 10 años

Capítulo 8   **Medio**   lapicera
            Tema   *Dorothy llega a la tierra de Munchkin*
            Artista Thomas Johnson, 1995, a los 6 años

Capítulo 9   **Medio**   lápiz
            Tema   La clase, sobre una fotografía de la autora presentando su Programa *Understanding Friends*, a un cuarto grado de la Primaria Bell, en 1987
            Artista Maria White, 1999, 21 años

Capítulo 10 **Medio**   lápiz
            Tema   *Amigos*, sobre una fotografía de los estudiantes de la autora en la Primaria Bell, 1986
            Artista Maria White, 1999, 21 años

Capítulo 11 **Medio**   lápiz
            Tema   *Niña autista, después de arreglárselas con su dolor golpeándose contra una pared* (idea original y descripción de la artista)
            Artista Maria White, 1999, 21 años.

Capítulo 12 **Medio**   lápiz
            Tema   *Niño autista y su sentido olfativo* (idea original y descripción del artista)
            Artista Maria White, 1999, 21 años

Acerca de los Dibujantes

Doug Buckner

Observen cuidadosamente la tarjeta de Navidad diseñada por Doug Buckner, en la página 200. Su fascinación con casas, edificios y castillos lo llevó a dibujar esta postal para un concurso de Tarjetas de Navidad cuando contaba con once años. Este dibujo en particular no fue seleccionado, pero en otras ocasiones en que se presentó, dibujando escenas más típicas navideñas, sí tuvo éxito y logró ganar los concursos en 1991 y en 1993. Estos dibujos aparecieron en las *Tarjetas de Navidad de la Sociedad Autista de Carolina del Norte* de esos dos años. Sin embargo, ésta ha sido siempre mi postal favorita!

El dibujo de la página 21, hecho por Maria White, está inspirado en una fotografía que saqué de Doug cuando tenía 5 añitos, mientras se dedicaba - en el tiempo de recreo en la escuela- a su actividad favorita: las construcciones. Una vez, cuando tenía seis años, Doug construyó con bloques una estructura que me resultaba familiar, pero que no sabía exactamente qué era. Doug resolvió el misterio explicándome que era Biltmore House, un castillo- museo muy famoso ubicado en Asheville y visitado por miles de turistas! Aun antes de comenzar a hablar, Doug ya estaba dibujando casas, casas y más casas. A medida que el tiempo pasó, sus dibujos se tornaron en construcciones y castillos más sofisticados.

Felicitaciones a Doug por su graduación de High School. En el momento de escribir la edición en inglés, Doug estaba asistiendo al programa TEACCH de Apoyo al Empleo, y se estaba preparando para insertarse en el medio laboral. Doug es muy hábil haciendo diseño gráfico en la computadora. Asimismo, su espíritu tan suave lo hace ideal para trabajar con animales.

El primer año que Doug empezó la escuela, con cinco años, fue el primer año en que yo trabajé con un grupo de niños pequeños con autismo. Aprendimos mucho juntos. Seis años más tarde, mientras trabajaba como terapista en el Centro TEACCH, Doug, ya con once años, fue el primer niño a quien yo expliqué el significado de "tener autismo". Gracias Doug, por haber plantado la semilla para este libro.

Brian Davis

La primer ocasión que tuve de ver los dibujos de Brian fue cuando concurrió al Centro TEACCH para una evaluación diagnóstica, con trece años. Brian está fascinado por la animación, las películas de ciencia ficcción y especialmente, le encanta dibujar historietas cómicas. Siente una particular atracción por el estilo de dibujo que es tan popular en Japón. Una pequeña muestra de su arte *(dos niños con el pelo parado)* está en la página 81 y en la página 279.

Brian, con su imaginación tan activa, ha desarrollado en sus historietas una cultura entera denominada "Isla de la Fantasía". Sus principales protagonistas, cada uno con su propia personalidad, viven en una isla y tienen nombres especiales. Brian parece tener gran una habilidad para observar cuidadosamente a una persona y representar su personalidad con unos pocos trazos de lápiz y unas pocas oraciones.

El cuarto de Brian está lleno de cajas y más cajas de sus dibujos. Ha comenzado a tomar clases de arte y a agregar color a sus dibujos. Incluso ha logrado vender algunas de sus obras a sus admiradores de la escuela!

Paul Hoyt

Una muestra del particular estilo de Paul Hoyt puede encontrarse en el dibujo de la página 10 *(Tres Amigos)* y en el collage de la página 81 *(Tres personitas)*. Paul ha expuesto individualmente sus dibujos en varias ocasiones. Ya desde temparana edad manifestó una fascinación increíble por los personajes de Walt Disney, dibujándolos él mismo en lápiz y papel. A los 13 años, Paul dibujaba con lujo de detalles toda suerte de personajes, trenes y dibujos animados, que recortaba y pegaba sobre papel para construir las escenas que deseaba. Uno de sus dibujos fue seleccionado como postal navideña por la *Sociedad Autista de Carolina del Norte*, en 1994.

A pesar de que nadie estaba muy seguro de que Paul llegara a comunicarse verbalmente, logró florecer en un entorno rico en aceptación incondicional, amor y apoyo de parte de su familia, utilizando permanentemente métodos de enseñanza visual estructurada, tanto en la escuela como en el hogar. Ahora Paul habla, aunque en raras ocasiones. Pero es capaz de comunicarse cada vez más utilizando la palabra escrita (en la computadora o manuscrita) y por supuesto, su arte es también su medio de comunicación.

Paul y su familia protagonizaron la película Paul at Three, producida por David Horn y la *Sociedad Autista de Carolina del Norte*, y por WFMY- TV, Raleigh, Carolina del Norte. Se presentó en la televisión en Carolina del Norte en 1992. Paul at Three es un vistazo a la vida íntima de una familia que ha recibido recientemente el diagnóstico de autismo de su hijo de tres años. Es un conmovedor relato sobre la experiencia primaria que tiene la familia al enfrentarse al autismo de su hijo, y a las esperanzas que abriga para el futuro. La película presenta a los espectadores el Programa TEACCH y la ASNC (Sociedad Autista de Carolina del Norte).

Thomas Johnson

Los bosquejos de Thomas aportan encanto y gracia a las páginas de las secciones *Para Padres y Maestros*. Para este libro, creó más de setenta bosquejos. Otros dibujos de su colección de años anteriores se encuentran por todas estas páginas. Thomas opina que este libro representa *"un importante proyecto para todos los niños con autismo"*, y que él se sentía particularmente *"muy feliz de ayudar"*. Thomas fue diagnosticado con autismo cuando tenía casi cuatro años.

La considerable creatividad de Thomas y su conocimiento han evolucionado del especial interés que desde pequeño mostró por el *Mago de Oz. El tornado* desató su interés por el clima. La *película*, su estudio por la compañía MGM, la actuación y la producción. *Judy Garland*, el interés en el actor Mickey Rooney. *Dibujar* los personajes y las escenas de la película lo iniciaron en un estudio más concienzudo de sus dibujantes favoritos: Maurice Sendak y Steven Kellog. Thomas ha escrito e ilustrado libros para proyectos escolares y también para divertirse en su hogar. Mientras concurría a un campamento de verano de la Sociedad Autista de Carolina del Norte, Thomas escribió una historieta sobre el campamento *(aventuras de un viaje en una alfombra mágica)*. A los doce años comenzó a mostrar interés en los títeres, dedicando varias horas de sus sábados a aprender y a ayudar a crearlos, guiado por un titiritero de su localidad.

Antes de comenzar a hacer los bosquejos de este libro, Thomas me aseguró que en ellos representaría una amplia gama de temas y personas: niñas y niños, jóvenes y viejos, y de todos los grupos raciales.

Thomas es un chico amable, con una mente abierta, amistoso, y cuya dulzura toca definitivamente el corazón de todos los que lo conocen.

Maria White

Maria White trabajó con verdadero ahínco y diligencia en estos seis hermosos dibujos que ilustran las páginas 21, 69, 165, 215, 243 y 271. Encontró tiempo para hacerlos pese a que su vida en esos momentos era muy ocupada: trabajaba en una tienda de videos, cuidaba sus gatos, iba a su café favorito, concurría a los grupos sociales de TEACCH, todo eso además de las diarias actividades.

Maria, que está ahora buscando trabajo con la ayuda del Programa TEACCH de apoyo Laboral, fue diagnosticada con autismo a los quince años, cuando se mudó a Carolina del Norte. Desde entonces ha integrado cantidad de paneles de adolescentes y adultos con autismo, dirigidos al entrenamiento de maestras. Maria está comprometida a ayudar a maestros y público en general a que comprendan lo que es el autismo. Por placer, concurre a muestras de arte, teatro, musicales, conciertos y películas. En particular, le encanta dibujar mientras escucha música.

Hace ya algunos años, mientras me encontraba preparando un viaje a Ciudad de México para llevar adelante un taller sobre autismo y enseñanza estructurada, Maria, que había estudiado español en la escuela, fue quien me ayudó. Aportó su punto de vista y su experiencia como joven con autismo, y dedicó varios días a escribir un ensayo en español. Yo lo grabé en video y lo mostré en la conferencia, ante un grupo de más de doscientas personas entre padres, maestros y doctores. A mi regreso a Asheville, mi valija estaba repleta con regalos, postales y cartas de agradecimiento de toda esta gente, en reconocimiento a su aporte para mejor comprensión del autismo.

La siguiente es una foto de Maria *(derecha)* y mía *(izquierda)*.
Yo tengo el honor de ser el mentor de Maria.

Otras Importantes Contribuciones

Kelly Davis

Kelly es una persona muy activa y creativa. Su entusiasmo por editar la sección de padres y maestros proviene de su experiencia profesional y personal. Kelly, una historiadora, ha trabajado en publicidad por más de quince años. Es la encargada de compras de una empresa distribuidora de libros en Asheville. Kelly es una madre sola, y sus dos hijos tienen autismo de alto funcionamiento. La ayuda de Kelly y su perspectiva fueron un alivio para mí en la fase final del libro.

Nuestras reuniones tenían lugar en una oficina muy particular: una mesa de McDonald. Mientras sus hijos -una niña de 5 y un varón de 8 años- jugaban en el área de juegos, nosotros intercambiábamos ideas con toda celeridad. A pesar de vida tan atareada, Kelly encontró tiempo para revisar, releer, editar, cuestionar y hacer sugerencias sobre el libro.

Teresa Johnson

El aliento y el apoyo que Teresa me brindó se evidencia en todas las fases de este libro. Desde el comienzo, ella sugirió que su hijo Thomas contribuyera con los pequeños bosquejos que hay en la sección de padres y maestros. Ella ayudó a "estructurar" esta actividad para Thomas, manteniéndolo en el camino, hurgando entre su multitud de dibujos para encontrar el que mejor me pudiera servir. Teresa, madre sola de Thomas y su hermana mayor, Maegan, trabaja para la Sociedad Autista de Carolina del Norte como Consejero de Padres.

En este rol, Teresa está abocada a estrechar la comunicación entre padres, maestros y administradores escolares, mientras intenta descubrir y promover qué es lo que más conviene a cada chico en particular. Disfruta enseñando el uso de estrategias visuales estructuradas, en particular el horario y Cuidado con el Pozo, presentado en el Capítulo 11 para ayudar a niños y adolescentes con autismo a entender sus respuestas frente a la ansiedad, y a poder elegir una respuesta positiva ayudados por esta estrategia visual.
La dedicación que Teresa tiene por su familia y su pasión por su trabajo son realmente inspiradoras.

John Engle

Cuando hablo (y escribo), tengo la tendencia a ser sumamente repetitiva. John Engle, que insiste en tener un entorno ordenado, claro y despejado, realizó un magnífico trabajo editando la sección de los niños. Regitró cada palabra innecesaria, redundante, incoherente…todo eso que hace a mi manera tan reiterativa. Sin embargo, algunas páginas fueron escritas a posteriori del trabajo de John, así que yo corro con toda la responsabilidad! John, con su desorden obsesivo-compulsivo, *jamás* las habría dejado sin corregir.

En la página 69 se puede apreciar un dibujo de John tocando su violín. John tiene muchas dotes para la música, es un artista y un filósofo. Ahora con treinta y un años, su afición es la vieja música montañesa y la filosofía oriental. John no sabe leer música, pero tiene un gran oído musical y también toca el banjo y la guitarra hawaiana. Mientras aprendía a tocar el banjo, se las compuso para imaginar 47 maneras distintas de afinar sus cuerdas, simplemente a partir de grabaciones. Se ha limitado a conocer y tocar *solamente setecientas tonadas* en su violín, porque como él mismo dice, después de setecientas *"Empiezo a tocar tonadas que no me gustan, en vez de aquellas que me gustan más"*. John también construye banjos a mano, incluyendo uno muy hermoso y primitivo hecho con una calabaza. Uno de sus ensayos, así como una fotografía suya que tomé tocando el violín, fueron publicadas en la edición 1997 de otoño de *The Morning News*, una publicación trimestral editada por Carol Gray en Jenison, Michigan. John fue diagnosticado a los 26 años, y desde entonces se ha convertido en un voluntario importante del Centro TEACCH en Asheville y de la Sociedad Autista de Carolina del Norte. Generalmente se le encuentra formando parte de los paneles de adolescentes y adultos dirigidos a entrenamientos.

He aprendido mucho de John a través de las largas charlas que hemos sostenido y que me han llevado a repensar muchas cosas. Lo he mencionado varias veces en este libro. John ha prometido ayudarme con una meta que me propuesto, aprender a tocar el acordeón.

Dave Spicer

He mencionado a Dave al comienzo de casi todas las secciones dedicadas a padres y maestros. El también escribió la sección que está al final del Capítulo 4. Se le diagnosticó autismo de alto funcionamiento/Asperger ya de adulto, cuando trajo a su hijo al Centro TEACCH para una evaluación. Los dos comparten el mismo diagnóstico: autismo de alto funcionamiento. Desde entonces, Dave ha contribuído con la comunidad autista en infinidad de maneras. En cierta oportunidad señaló con gran exactitud que su *"mayor aporte es la gran capacidad para describir lo que siente una persona con autismo"*. Su manera de ser y de expresarse, tan mesurada, explicativa y llena de imágenes visuales, ejerce siempre un gran impacto sobre los que lo escuchan hablar.

Los aportes de Dave han excedido su lugar de residencia, y han recorrido el país y el exterior. Dave participa en nuestras sesiones de entrenamiento en el Centro TEACCH de Asheville, integrando paneles de adolescentes y adultos con autismo de alto funcionamiento. Dave ha realizado exposiciones en talleres a nivel profesional, y en el exterior, en la *Conferencia de Síndrome de Asperger realizada en Estocolmo, Suecia*. Uno de sus ensayos fue publicado en *High Functioning Autism or Asperger Syndrome?*, perteneciente a la serie de publicaciones *Current Issues in Autism* que es editada por Eric Schopler, Gary Mesibov y Linda Kunce.

Dave es asiduo concurrente a la reunión annual de ANI - Autism Network International- que es una organización para y por personas con autismo. *(Ver Fuentes Recomendadas)*. Un año, Dave y su esposa dirigieron un taller para explicar la manera de relacionarse cuando uno en la pareja tiene autismo. También ha hecho una presentación denominada *Autismo Práctico*, que trata sobre las diferentes posibilidades que tiene una persona con autismo de usar sus talentos en la vida diaria.

Dave también colabora con el grupo de padres del Centro TEACCH de Asheville y es representante de la directiva de la Sociedad Autista de Carolina del Norte. Para leer sus poemas, ensayos y presentaciones, ir a la página **http://webpages.charter.net/dspicer**.

En resumen, Dave es un paciente fascinante, un colega admirado y respetado, y por sobre todo, un excelente amigo.

Irene Vassos

Irene Vassos es una talentosa artista, músico y cantante, y es la Coordinadora de Tecnología del sistema escolar de Pittsfield, Massachusetts. El continuo apoyo y su ayuda en materia de computación han sido invalorables en todo momento, al hacer y pensar este libro. A Irene le encanta crear, y realmente fui muy afortunada al recibir su ayudda con este proyecto. Su habilidad con la computadora y su visión para el diseño están en el centro de la apariencia visual de este libro.

Lo mejor de todo, es que Irene es mi prima.

Fuentes Recomendadas

La siguiente lista la he hecho manteniendo el orden alfabético en inglés, algunos sin traducir. También me he tomado la libertad de comentar aquellos que he podido leer en inglés. Algunos de estos libros se pueden comprar por internet, a través de la editorial Future Horizons: **www.FutureHorizons-autism.com**

Asperger´s Syndrome: A Guide for Parents and Professionals.
De Tony Attwood.

Buenas noticias! El libro ahora está editado en español y por más datos se puede consultar la página web **www.TonyAttwood.com**. *Tuve oportunidad de escuchar personalmente al Dr. Attwood, y no me queda más que decir que es excelente!*

Asperger syndrome: A Practical Guide for Teachers.
De Val Cumine, Julia Leach y Gill Stevenson.

Con cantidad de estrategias educativas, muy recomendado para las maestras.

Asperger Syndrome and Difficult Moments
De Brenda Smith Myles y Jack Southwick

Sobre como prevenir y comprender problemas de conducta relacionados con el Síndrome de Asperger.

Albert Einstein
De Ibi Lepsky y Paolo Cardoni

Un libro encantador, dirigido a los niños, sobre "…un niño diferente a los demás". No se hace mención al autismo o al Síndrome de Asperger, pero uno no puede dejar de pensar.. Muy útil para leer a los niños y ayudarles a comprender a su compañero que tiene AAF o Asperger. Se puede utilizar junto con *Understanding Friends y The sixth Sense. Este es otro libro que pude leer y que vale la pena.*

Autism Network International (ANI)

Esta es una RED Internacional de Autismo. Por más información:

Autism Network International (ANI),
P.O Box 448, Syracuse,
New York 13210-0448.
www.ani.ac

The Autism Society of America

La Sociedad Autista de Carolina del Norte está al servicio de las personas con autismo y de sus familias, apoyándolas con servicios para la familia, la persona involucrada, investigaciones y concientización de la sociedad. Por más información:

Autism Society of America
7910 Woodmont Ave., Suite 300
Bethesda, MD 20814- 3015
www.autism-society.org
1 800 3 AUTISM ext. 150 (para llamar dentro de USA)
300 657 0881.

The Autism Society of North Carolina

La Sociedad Autista de Carolina del Norte proporciona servicios a las personas con autismo y a sus familias que residen en ese estado. Tiene programas de entrenamiento, de inserción laboral, de educación, de apoyo a padres. Consta con una publicación trimestral llamada Spectrum y cuenta con una de las librerías con más títulos sobre autismo. También organiza campamentos de verano para niños y adultos con autismo.

Autism Society of North Carolina
505 Oberlin Road, Suite 230
Raleigh, NC 27605-1345
www.autismsociety-nc.org.

Comic Strip Conversations
De Carol Gray

Las Conversaciones de Historietas, como he dado en traducir, se han mencionado varias veces a lo largo de este libro. Tuve oportunidad de escuchar a Carol en una conferencia, donde explicó esta estrategia, y me pareció un gran aporte en materia de socialización para estos niños. Trabaja además en estrecha relación con Tony Attwood.

Future Horizons

Future Horizons es la mayor editora en idioma inglés de libros y videos sobre autismo, y también se dedica a ofrecer conferencias tanto dentro de USA como internacionalmente. Por más información contactar:

Future Horizons
721 W. Abram St.
Arlington, Texas 76013
www.FutureHorizons-autism.com

Higher Functioning Adolescents and Young Adults with Autism: A teacher´s guide.
De Ann Fullerton, Joyce Stratton, Phyllis Coyne y Carol Gray

Una excelente colección de ideas y estrategias. Muy conveniente para leer, aún cuando tu hijo no haya llegado a la adolescencia.

High Functioning Autism or Asperger Syndrome?
Editado por Eric Scopler, Gary Mesibov, y Linda Kunce

Cada mes de mayo, TEACCH convoca a una conferencia en Chapel Hill dedicada a diversos aspectos del autismo. Cuenta con conferencistas americanos e internacionales que realizan presentaciones a nivel profesional de investigaciones, casos clínicos y observaciones personales. La editorial Plenum Press es la que publica los volúmenes *Current Issues in Autism Series*, que son resúmenes de lo expuesto en estas conferencias. El tñitulo mencionado arriba corresponde a una charla que tenía por título "Educational Approaches to High Functioning Autism and Asperger Syndrome", que se menciona en este libro en la página 190.

Indiana Resource Center for Autism

Los Nueve Tipos de lecciones adaptadas, mencionados en el Capítulo 9, representan algunas de las estrategias utilizadas por este centro para atender el aprendizaje especial. Se han incluido en el libro con la autorización de Cathy Pratt. Por más información,

Cathy Pratt, Director
Indiana Resource Center for Autism
Institute for the study of developmental disabilities
2853 E. Tenth street
Bloomington, IN 47408-2696
www.isdd.indiana.edu/~irca

Jypsy´slink

Este es un sitio web que proclama ser el que más nexos tiene sobre el tema autismo. La dirección es **www.isn.net/~jypsy/autilink.htm**

MAAP (More Able Autistic People)

Sus siglas significan **Personas con autismo Más Capaces**. Esta organización, al mando de Susan Moreno, fue una de las primeras que surgió dirigidas específicamente a personas con autismo de alto funcionamiento. Durante años, MAAP ha proporcionado información y apoyo a estos individuos y sus familias, especialmente en momentos en que la literatura y los conocimientos sobre el tema eran muy escasos.

The MAAP
MAAP Services, Inc.
P.O Box 524
Crown Point, Indiana 46307

Mind Mapping

El libro **Use Both Sides of Your Brain**, de Tony Buzan y publicado en 1974 fue uno de los primeros en utilizar estrategias visuales. También se les ha denominado "organizadores gráficos" o "organizadores semánticos". Dos libros que recurren a esta estrategia son los ya mencionados en esta lista **Higher Functioning Adolescents and Young Adults with Autism**, de Fullerton y **Asperger Syndrome and Difficult Moments**, de Myles y Southwick.

The Morning News
Editado por Carol Gray

The Morning News es una excelente publicación trimestral *"dedicada a los individuos con autismo y a aquellos que trabajan para lograr una mejor comprensión sobre este tema"*. Cada publicación contiene información práctica para los padres, maestros y personas con autismo, así como un registro de amigos para cartearse. Para recibir la publicación, contactarse a:

The Morning News
Carol Gray, Editor
Jenison high Scool
2140 Bauer Road, Jenison , Michigan 49428

O.A.S.I.S
(Online Asperger Syndrome Information and Support)

Esta página web fue creada por Barbara Kirby, madre de un niño diagnosticado con Síndrome de Asperger. Este sitio contiene mucha información y nexos. La dirección es www.udel.edu/bkirby/asperger

Pretending to be Normal: Living with Asperger´s Syndrome
De Liane Holliday Willey

Un recuento personal y munido de consejos y recetas para hacer frente a la vida de adulto, cuando se tiene AS. La autora está diagnosticada con Asperger, así como una de sus hermanas.

Una Persona Real
De Gunilla Gerland

Gunilla es de nacionalidad sueca, tiene autismo de alto funcionamiento y ha escrito un libro dando su perspectiva de la vida. Su libro ha sido traducido al inglés, y vale la pena leerlo por la claridad de su relato y honestidad. Cada página proporciona nuevas claves para que quienes viven el autismo desde afuera, sepan cómo es llevarlo dentro. Especial para todos aquellos que conviven, trabajan, cuidan a una persona con autismo, o tienen autismo.

The Sixth Sense

Mencionado en el Capítulo 9, el plan de presentación de *The Sixth Sense* puede encontrarse en el folleto **Taming the Recess Jungle**, de Carol Gray.

Social Stories
Historias Sociales

Por información sobre Social Stories ver las siguientes obras de Carol Gray:
The Original Social Story Book
The New Social Story Book
Writing Social Stories with Carol Gray (video y libro de trabajo)

Dave Spicer

Dave contribuyó con la sección para padres y maestros al final de Capítulo 4, hablando sobre el desarrollo artístico del niño, y ha sido mencionado en varias oportunidades a lo largo de esta obra. Muestras de sus ensayos y poemas, así como un raconto de sus experiencias personales se pueden encontrar en la dirección **http://webpages.charter.net/dspicer**.

TEACCH

Las siglas en inglés corresponden a *Treatment and Education of Autistic and related Communication handicapped Children*, que en español sería Tratamiento y educación de niños autistas y con problemas afines de comunicación. TEACCH es una División perteneciente al Departamento de Psiquiatría de la Escuela de Medicina de la Universidad de Carolina del Norte en Chapel Hill. TEACCH está dedicada a mejorar la vida de aquellos que tienen autismo. Es un programa amplio, dirigido a la comunidad, que incluye servicios directos, consultas, investigación y entrenamiento profesional. TEACCH , fundado por Eric Schopler y dirigido por Gary Mesibov, recibe fondos estatales y federales para funcionar, así como donaciones privadas. En Carolina del Norte existen 8 centros TEACCH, además del Centro Administrativo y de Investigación. TEACCH proporciona evaluaciones diagnósticas y apoyo para personas con autismo de todas las edades, así como apoyo a sus familias. La autora de este libro es terapista en el Centro TEACCH ubicado en la ciudad de Asheville, situada al oeste del estado de Carolina del Norte, muy cerca de los Montes Apalaches. TEACCH fue pionero en utilizar métodos de enseñanza estructurados, que han sido adoptados por programas en todo el mundo. La dirección es:

Division TEACCH Administration and Research
CB 7180, 310 Medical School Wing E
The University of North Carolina at Chapel Hill
Chapel Hill, NC 27599-7180
www.teacch.com
Telefono 919 966 2174
Fax 919 966 4127

Centro TEACCH de Asheville: 46 Haywood Street, Suite 402
Asheville, NC 28801
Teléfono 828 251 6319 ext. 17.

Teaching Your Child the Language of Social Succes
De Marshall Duke, Stephen Nomicki Jr. y Elisabeth Martin

Este libro trata todo lo relacionado con el lenguaje corporal y otros medios de comunicación no verbales, incluyendo ideas par enseñarlo, estrategias de evaluación, y un glosario considerable de expresiones faciales, gestos y posturas. Este libro no fue escrito específicamente pra ser usado con personas con autismo, pero todo lo que se desee saber de lenguaje corporal seguro se encontrará aquí.

There´s a boy in here
De Judy y Sean Barron

Este libro relata la saga personal de Sean Barron, un joven con autismo que recuerda su niñez y explica en detalle por qué se comportaba de la manera que lo hacía. Las experiencias de Sean se intercalan con las memorias de su madre. Judy Barron se esforzó por criar un niño con autismo en una época en que poco se sabía del tema y muy escaso era el apoyo que recibían las familias. Se recomiendan muy especialmente los relatos en primera persona de Sean .

Thinking in Pictures- and Other Reports From My Life with Autism
De Temple Gradin

Otro clásico de Temple Gradin. Su primer libro, **Emergence- Labelled Autistic**, inauguró el momento en que los adultos con autismo comenzaron a narrar sus experiencias personales. *Hay que escuchar o leer a Temple para entender lo que siente alguien que tiene autismo. Sus relatos son por instantes conmovedores. Pude escucharla dando una conferencia y, si bien la autora de este libro no menciona a su madre, la señora Eustacia Cutler, si tienen oportunidad de leer alguno de sus relatos, no duden en hacerlo. La dedicación, osadía y persistencia de su madre, así como el gran tesón de Temple, han logrado dar al mundo una persona sensible y con gran profesionalidad en su campo, que es la ciencia veterinaria.*

Understanding friends

Mencionado en el Capítulo 9, este programa educativo ideado por Catherine Faherty es ideal para explicar las diferencias -incluyendo el autismo - a grupos de niños. El plan básico de la lección se puede encontrar en la página web de TEACCH, bajo la sección **Educational Approaches**. Allí también se encuentra información en español.

Nota del traductor

La primera vez que entré en contacto con este libro fue en ocasión de mi primer viaje a los Estados Unidos, en febrero de 2002. Cuando lo ví, pensé que era lo ideal para mí y para mi pequeño hijo Ignacio, de 4 años y recientemente diagnosticado con Síndrome de Asperger. Creo que no me equivoqué, de la gran bibliografía que existe en inglés sobre el tema autismo, es uno de los libros más claros y con más ideas que he podido encontrar. Prácticamente enseguida surgió en mí la idea y la necesidad de traducirlo al español. Pero la traducción me llevó a mucho más, conocí personalmente a la autora, Catherine, que realmente deja traslucir un espíritu con un gran carisma y una dulzura impresionantes. También conocí durante la conferencia anual 2003 de la Sociedad Autista de Carolina del Norte, a varias de las personas de este libro. Ví a John Engle, que al terminar el primer día de talleres se puso a tocar su violín, a Dave Spicer que estaba junto a su hijo y a Maria White. Ahora solo espero que este libro le aporte a todo el que lo lea, un panorama más claro del autismo pero a la vez, también una esperanza.

La autora con algunos del loas dibujantes y colaboradores de este libro, de izquierda a derecha: Paul Hoyt, Catherine Faherty, John Engle, Maria White, Thomas Johnson y Dave Spicer con su hijo, Andrew.

Octubre de 1999 - Asheville, Carolina de Norte, USA

5|16 ⑥ 4|16

9 781932 565133